Bulletin
de la Société Paul Claudel

2019 – 3, n° 229

Bulletin de la Société Paul Claudel

Paul Claudel face aux philosophes

PARIS
CLASSIQUES GARNIER
2019

© 2019. Classiques Garnier, Paris.
Reproduction et traduction, même partielles, interdites.
Tous droits réservés pour tous les pays.

ISBN 978-2-406-09938-3
ISSN 0037-9506

SOMMAIRE

EN MARGE DES LIVRES / *BOOK REVIEWS*

ACTUALITÉS / *NEWS*

AVANT-PROPOS

Le dossier « Claudel face aux philosophes » propose pour réflexion un ensemble d'inédits et de témoignages sur les liens que Claudel a pu entretenir de son vivant ou susciter par la lecture avec des philosophes de son siècle et du nôtre. La correspondance échangée avec Étienne Gilson de 1928 à 1950 montre le respect réciproque de ces deux hommes – que sépare le temps d'une génération – pour les aventures de l'esprit et la vie spirituelle. Leur amour commun de saint Bonaventure, « immense esprit » écrit Claudel, les rapproche, de même que la profession de foi clairement dite, et la distance amusée pour le siècle dont les honneurs flattent sans combler. L'hommage que Natacha Galpérine rend à son père rappelle l'intérêt profond pour Claudel de Charles Galpérine qui découvre l'écrivain grâce à Albert Béguin. Acteur dans la création de la Société Paul Claudel dont il fut secrétaire général, travaillant à la préparation des premiers *Cahiers Claudel* comme du bulletin de la Société, il est dans le même temps fasciné, grâce à Georges Canguilhem qui la lui fait découvrir, par l'histoire et la philosophie des sciences, et oriente ses propres recherches vers l'histoire de la génétique moléculaire brillamment explorée à l'Institut Pasteur où il travaille. La trajectoire passionnante de sa vie, secouée par les bouleversements de l'histoire, jalonnée par les « grandes amitiés » si constructives, le conduit du judaïsme au catholicisme, puis à un retour aux racines juives : alors qu'il prépare en 1967 le *Cahier Paul Claudel* consacré à *La Figure d'Israël*, Charles Galpérine rencontre Emmanuel Lévinas dont il suivra de 1975 à 1995 l'enseignement talmudique à l'École Israélite Orientale, développant au fil du temps des liens d'amitié avec la famille du philosophe. Au terme de sa vie, Monseigneur Batut, comme en atteste Natacha Galpérine, permit à Charles Galpérine de « relier les fils de son existence, partagée entre deux rives géographiques et spirituelles, celle de la France autour de Claudel et de la "fleur du catholicisme français", et celle d'Israël et du judaïsme ». Alain Badiou vint en 2018 à Brangues, alors que se jouait sa pièce *L'incident d'Antioche*, témoigner de tout ce qu'il devait au Claudel de *La Ville* ; puis, dans une étude publiée dans le numéro 226 de notre

Bulletin, il proposa sa lecture de *La Jeune Fille Violaine*. L'entretien que nous publions ici donne une vision élargie de cette relation au Claudel dramaturge et poète, penseur et croyant, qui a marqué le philosophe aux idées politiques et personnelles si éloignées des siennes et dont pourtant il se sent proche : l'admiration transcende ici un clivage pour reconnaître avec sincérité la part de génie du « loyal combattant de sa croyance » et les leçons d'exigence et de style qu'il a voulu aussi faire siennes. L'ensemble de ce dossier tend à montrer comment des personnalités aux trajectoires si riches, si ouvertes et différenciées, aux idées et croyances profondes et différentes, en viennent à *accorder* leur pensée, dans tous les sens du terme, à celle de Claudel.

Catherine MAYAUX
et Marie-Victoire NANTET

CORRESPONDANCE
ÉTIENNE GILSON-PAUL CLAUDEL[1]

Paul Claudel et Étienne Gilson. Les deux hommes ont une génération d'écart. Gilson, né en 1884 à Paris, a deux ans lors de la fameuse conversion de Claudel à Notre-Dame. L'un est diplomate, l'autre universitaire, en Sorbonne, à Harvard, à Toronto, et au Collège de France. L'un est un homme de lettres féru de théologie et assoiffé d'intelligence de la Sagesse. L'autre est un philosophe baigné de littérature. Ils sont élus la même année à l'Académie française, dans la même cohorte qui suit l'épuration. Entre 1928 et 1950, ils échangent une quinzaine de lettres, dont au moins deux n'ont pas été retrouvées dans les archives. C'est peu en soi – Gilson échange ainsi une centaine de lettres avec Jacques Maritain (Vrin, 1992), quand avec le même correspondant Claudel en échange une trentaine (Cerf, 2018). Mais la proximité intellectuelle, on le verra à travers l'échange, est grande. Les deux hommes se lisent mutuellement et se reconnaissent des dettes. Pas de trace ici des querelles qui émaillent les relations de Claudel avec quasiment tous les écrivains et intellectuels catholiques, de Péguy à Bernanos et de Massignon à Maritain.

Florian MICHEL
et Claude-Pierre PEREZ

---

1   Le texte et l'appareil critique ont été établis par Claude-Pierre Perez, professeur à l'université d'Aix-Marseille, et Florian Michel, maître de conférences à l'université Paris 1 Panthéon Sorbonne.

1.   LETTRE D'ÉTIENNE GILSON À PAUL CLAUDEL

8 janvier 1928
6, rue de Ponthiery, Melun (Seine-et-Marne)

Monsieur l'ambassadeur et cher maître
Je reçois ce matin, en France, une lettre de Montréal, qui aurait dû me parvenir à Harvard[2] avant que je ne quitte l'Amérique. On m'y demande de vous écrire au sujet d'une demande de l'Université de Montréal, ce que je fais bien volontiers, quoique ma lettre doive vous parvenir trop tard et soit d'ailleurs inutile. Vous savez mieux que moi pour quelles raisons il serait souhaitable que vous acceptiez le doctorat *Honoris Causa* que l'Université de Montréal se fait un honneur de vous offrir et je ferais preuve de quelque naïveté en les développant. La seule chose que je puisse ajouter à cette invitation est l'expression de mon très vif désir de vous la voir accepter. Je suis allé plusieurs fois déjà à Montréal ; j'y ai travaillé de mon mieux, et je crois connaître l'endroit ; vous ferez le plus grand bien en vous laissant charger de ce nouvel honneur, dont la France bénéficiera, et peut-être autre chose qui ne vous est pas moins cher qu'elle[3]. Montréal est un champ de travail unique pour vous, et vous ferez plus en y représentant la France pour un jour que d'autres n'y feraient pendant une année.
Je sais, d'autre part, que l'Université de Toronto désirerait vous offrir le même titre. Peut-être ne jugerez vous pas impossible de vous y rendre ensuite. Cette université est une fédération de Collèges, qui comprend un collège catholique : *St Michael's College*. Les Pères Basiliens qui y enseignent sont extrêmement remarquables. Je m'y intéresse particulièrement, parce qu'ils m'ont demandé d'assumer l'organisation d'un *Institute of Mediaeval Studies* à l'Université de Toronto, qui, une fois achevé et en plein rendement aura coûté sans doute $ 1 000 000, et fournira

---

2   Avant d'aller fonder l'Institut d'études médiévales de Toronto, qui ouvre ses portes à la rentrée 1929, Étienne Gilson, alors professeur en Sorbonne, enseigne, un semestre par an, de l'automne 1926 à l'automne 1928, la philosophie médiévale à l'université Harvard. Depuis le printemps 1926, date de son premier voyage à Québec et Montréal, Gilson a été invité annuellement pour y donner des cours et conférences. Sur ce point, voir Florian Michel, *La pensée catholique en Amérique du Nord*, Paris, DDB, 2010, chapitre 1 ; idem, *Étienne Gilson. Une biographie intellectuelle et politique*, Paris, Vrin, 2018, chapitre 3. Claudel est depuis mars 1927 ambassadeur de France à Washington. Il s'est en effet rendu au Canada début novembre 1928, et a été fait docteur de plusieurs universités, dont Montréal et Toronto.
3   Sous la plume de Gilson, cet « autre chose » est une mission de « chrétienté ». L'université de Montréal est une université catholique, dont le recteur est l'archevêque de la ville.

des professeurs au courant de la tradition patristique et médiévale dans les domaines de la théologie, philosophie, liturgie et symbolique chrétiennes. Je vais sans doute être obligé de me rendre à Toronto 3 mois par an, pendant plusieurs années, pour planter cette bouture dans le sol du Nouveau-Monde. Tant que je pourrai travailler, je travaillerai, et Dieu donnera l'accroissement peut-être[4].

M. l'abbé Bremond[5] m'avait suggéré de vous adresser mon *Saint Bonaventure*[6]. Je ne pense pas que vous ayez le temps de le lire, ni que vous puissiez y rien apprendre ; vous avez déjà écrit vous-même celles de ses parties auxquelles je tiens le plus, et j'aime mieux les relire chez vous que chez moi. Veuillez donc considérer ce volume comme un signe purement matériel – une sorte de colombe offerte – pour la reconnaissance d'un de ceux, innombrables, à qui vous avez donné tant de joie et fait tant de bien.

Croyez, je vous en prie, à l'expression de mon respectueux dévouement.

Ét. Gilson

PS : mon trimestre de Harvard s'est fort bien passé et j'y serai de retour le 24 septembre prochain.

2. LETTRE DE PAUL CLAUDEL À ÉTIENNE GILSON

19 juillet 1928
Ambassade de France, Washington D.C.

Cher Monsieur

J'ai bien reçu le *Saint Bonaventure*. Je m'excuse de ne pas vous avoir remercié plus tôt. Mais je voulais d'abord lire l'ouvrage – et cela prend du temps. Et il m'en faudra encore plus pour le relire. Saint B. était un immense esprit. Quel dommage que je ne l'aie pas rencontré plus tôt ! Le même prêtre[7] qui m'avait obligé à lire S. Thomas il y a 35 ans m'avait recommandé Saint Bonav.

---

4   Sur l'Institut d'études médiévales de Toronto, part institutionnelle des engagements académiques de Gilson qui en assure la direction scientifique pendant quatre décennies et qui assure le recrutement et la formation des professeurs, voir F. Michel, *op. cit.*, 2010. Cet institut devient de droit pontifical en 1939.
5   L'abbé Henri Bremond (1865-1933), auteur d'une énorme *Histoire littéraire du sentiment religieux en France* (1916-1936), est élu à l'Académie française en 1923.
6   Étienne Gilson, *La philosophie de saint Bonaventure*, Paris, Vrin, 1923.
7   Il s'agit de l'abbé Joseph Villaume. L'« obligation » évoquée s'explique, dans le contexte du renouveau des études thomistes, par l'encyclique *Aeterni Patris* de Léon XIII (1879)

La part que vous avez dans l'élucidation de ces textes admirables n'est pas médiocre. Je souhaite bien vivement que cette substance de science chrétienne soit assimilée par les nouvelles générations.

Je vous serre la main

Claudel

3. LETTRE DE PAUL CLAUDEL À ÉTIENNE GILSON

10 décembre 1931
Ambassade de France, Washington D.C.

Cher monsieur

J'ai bien reçu votre lettre du 6 décembre[8] me transmettant l'invitation de l'université d'Illinois et je suis infiniment sensible aux termes gracieux dans lesquels vous le faites. Malheureusement, je ne puis guère vous faire la réponse que vous souhaitez, car nous entrons dans une année vraiment terrible où il me sera difficile de m'absenter de mon poste. D'autre part je suis un peu sceptique sur l'utilité réelle de ces déplacements rapides où l'on ne vous laisse aucune liberté, où vous n'avez jamais le temps d'échanger plus de trois mots avec la même personne et où l'on vous impose des conversations odieuses et stupides comme de serrer la main à des centaines de personnes qui défilent devant vous. Tout ce que désirent les présidents d'Universités, c'est d'utiliser les diplomates comme on le ferait d'une musique militaire ou de drapeaux et de plantes vertes pour rehausser l'éclat de leurs cérémonies. Mais au fond, personne ne leur attache la moindre importance ni n'écoute les formules banales que seule la possibilité leur est offerte de faire entendre.

Croyez, je vous en prie, à mes sentiments bien amicalement dévoués

Claudel

---

qui avait prescrit de remettre en vigueur et de propager la philosophie de saint Thomas. Sur l'importance pour Claudel de saint Bonaventure, qui donne selon lui « la formule de l'analogie », voir les *Mémoires improvisés*, Gallimard, 1969, p. 156. Il semble qu'il ait fait cette découverte en lisant le livre de Gilson.

8   Lettre perdue.

4. LETTRE DE PAUL CLAUDEL À ÉTIENNE GILSON

11 juillet 1934
Ambassade de France en Belgique

Cher monsieur
J'ai lu avec grand intérêt dans *Sept*[9] votre appel en faveur du curé de Galapian dont je connaissais déjà les belles initiatives[10]. Je vous envoie sous ce pli ma souscription.
De tout cœur

Claudel

5. LETTRE DE PAUL CLAUDEL À ÉTIENNE GILSON

17 juillet 1934
Ambassade de France en Belgique

Cher monsieur,
Merci infiniment de votre lettre[11] qui me touche de la manière la plus sensible. Je vous envoie un petit recueil de poëmes que j'aimerais capable de toucher un nombreux public. Je crois que je vous ai déjà envoyé *Positions et Propositions* (Tome 2)[12].
De tout cœur

Claudel

---

9   *Sept*, revue catholique, sous-titrée : *Hebdomadaire du temps présent*. Son hostilité à *L'Action française* ne pouvait que convenir à Claudel, tout comme sa condamnation de l'hitlérisme. Gilson était présent dès le premier numéro, ainsi que Daniel-Rops, Henri Gouhier, Georges Goyau, Jacques Maritain, etc. – Sur *Sept*, lire Aline Coutrot, *Un courant de la pensée catholique, l'hebdomadaire « Sept » (mars 1934-août 1937)*, Paris, Cerf, 1961 ; Magali Della Sudda, « La suppression de l'hebdomadaire dominicain *Sept*. Immixtion du Vatican dans les affaires françaises (1936-1937)? », *Vingtième Siècle. Revue d'histoire*, 4/2009 (n° 104), p. 29-44.
10 L'abbé Beriau, ancien secrétaire de Joffre devenu curé de Galapian, dans le Lot-et-Garonne, organisait depuis 1926 des « Semaines rurales » qui rencontraient un grand succès. Gilson avait publié dans *Sept* un long article appelant à la générosité des lecteurs : « Le curé de Galapian », *Sept*, n° 19, 7 juillet 1934, p. 2.
11 Lettre perdue.
12 Paul Claudel, *Positions et propositions*, II, paru en 1934 chez Gallimard.

6. LETTRE DE PAUL CLAUDEL À ÉTIENNE GILSON

24 juillet 1934
Ambassade de France en Belgique

Cher monsieur

J'ai lu avec grand intérêt votre article de *Sept* où vous blâmez avec juste raison la parcimonie des fidèles catholiques à l'égard du Denier du Culte[13]. Je voudrais cependant vous soumettre une observation.

L'usage universel en France à l'égard de ceux qui sollicitent la charité du public est de ne leur soumettre aucune justification de la manière dont l'argent est dépensé. Du moins je n'ai jamais vu aucune trace des explications dans les journaux. Je citerai comme exemple les grandes souscriptions pour la Martinique, la Guadeloupe, les inondations de Paris, etc.

Il en est de même, pour autant que je sache, pour le Denier du Culte et les différents efforts de générosité demandés à un public restreint et assiégé de tous côtés de demandes. Comment veut-on que le public s'intéresse à des besoins qu'on ne lui explique pas (je veux dire d'une manière détaillée et pratique) sans que jamais on lui montre où va son argent et quels sont les résultats obtenus ? Ce ne serait pas humain. Ce silence incompréhensible est d'ailleurs nettement contraire à l'esprit de l'évangile : *Redde rationem villicationis tuae*[14]. Toute personne qui reçoit de l'argent est absolument tenue de fournir des comptes à ses bienfaiteurs.

Tant que cette obligation stricte ne sera pas remplie, il faut s'attendre à ce que la générosité des souscripteurs reste molle et hésitante. À qui la faute ?

En Amérique chaque paroisse et je crois chaque diocèse fournit au public un budget, indique les sommes reçues, explique les tâches auxquelles il a à faire face, etc. Pourquoi ne pas faire de même en France ?

De plus la charité comme toute chose doit être organisée. Il ne suffit pas de tendre une aumônière de temps en temps et de faire des efforts d'éloquence. Les lamentations et les objurgations ne servent à rien. Il faudrait avoir dans chaque paroisse ou plutôt dans chaque circonscription ecclésiastique un comité d'hommes et de femmes qui prendrait en mains la tâche du Denier du Culte et des autres œuvres diocésaines. On parle beaucoup d'action laïque. Mais est-il sûr que cette collaboration soit toujours bien vue du clergé et qu'elle reçoive de lui l'appui et

---

13   Ce point est souvent évoqué par Gilson. Voir ainsi « Le culte du vrai Dieu », *Sept*, n° 17, 23 juin 1934, p. 2, ou encore « Notre courrier », *Sept*, n° 19, 7 juillet 1934, p. 5.
14   « Rends compte de ton administration », Luc, XVI, 2.

l'encouragement nécessaires ? Que sont devenus les comités diocésains dont on parlait autrefois ? Il y a dans l'organisation ecclésiastique un esprit de secret et de défiance injustifiés, dont il faudrait se défaire si l'on veut que les fidèles donnent cette collaboration cordiale et large, qui est possible, si l'on veut utiliser tant de bonnes volontés latentes, et qui est de plus en plus indispensable.

Cette lettre peut être publiée[15] mais je vous prie de ne pas y mettre ma signature.

De tout cœur

Claudel

7. LETTRE D'ÉTIENNE GILSON À PAUL CLAUDEL

25 mai 1935
2, avenue Émile Acollas, Paris VIIe

Cher maître et ami

Deux volumes[16] me venant de vous, avec deux mots d'amitié de votre main, sont pour moi une joie que vous avez le privilège de donner, mais vous ne savez ce que c'est de la sentir. Je vous ai beaucoup admiré, autrefois ; depuis quatre ou cinq ans, l'idée même de vous admirer me semble enfantine. Il y va de bien autre chose ; tout ce que vous écrivez éveille en moi des résonances secrètes, ouvre sur des avenirs humains inespérés des portes jusque-là fermées ou dont je ne soupçonnais pas même l'existence. Et puis, plus que tout peut-être, j'aime en vous cette robuste et splendide affirmation de la vie, ce *oui* bienfaisant que vous avez dit tout de suite, mais dont on voit aujourd'hui qu'il embrasse un univers de plus en plus vaste.

J'ai un faible pour Furius, que je crois connaître et que j'aime de tout mon cœur tel qu'il est. Je me demande si, seul capable de concevoir la cité de Civilis et d'Acer[17], il supporterait d'y vivre ? C'est une question. Je sais que, moi du moins, j'aurai tôt fait de sauter le mur. Sans avoir reçu la mission de Saint-Maurice (qui est engendré de Christophe Colomb, qui est né de Tête d'or et qui est donc Paul Claudel vu autrement qu'au Copley Plaza de Boston = Furius)[18], je me sens plus tenté par la solitude

---

15 Elle l'a été en effet, anonymement : « Un catholique éminent nous a adressé des considérations… » (*Sept*, 8 septembre 1934).
16 L'un des volumes est celui des *Conversations dans le Loir-et-Cher*, l'autre probablement *Le Livre de Christophe Colomb*, republié chez Gallimard en 1935.
17 Personnages des *Conversations dans le Loir-et-Cher*, comme Saint-Maurice un peu plus loin.
18 Le Copley Plaza est un hôtel de Boston ; Claudel y a donné une conférence en 1927 ou 1928.

avec intermittences de vie communautaire, que par la communauté. Faute sans doute d'avoir une solitude intérieure assez sûre et assez profonde.

J'enrage de penser que les berlinois ont vu Christophe Colomb, et nous pas[19]. Mais qu'avons nous vu ? Nous sommes, mettons 10 millions de catholiques français ; il paraît que nous sommes un peuple civilisé ; nous avons avec nous le plus grand et le plus catholique des poètes qui ait jamais existé (car il y a dans le catholicisme de Dante lui-même bien des impuretés qui sont totalement absentes de votre œuvre ; et puis, Dante utilise Dieu, au lieu que votre grandeur est d'être utilisé par Dieu ; c'est aussi, n'est-ce pas, votre grand réconfort ?) ; avec tout cela, nous n'avons pas une scène où, chaque année, Paris puisse nous donner un cycle Claudel ! On fait des histoires sans fins à propos de saisons qui consistent à réimporter Bellini, Hugo van Hofmannsthal ou Richard Strauss – tout cela est tellement parisien – et pour cette grande œuvre, rien. Pourtant, que ne donnerais-je pas pour une représentation de *Tête d'or*, ou seulement pour l'acte II, scène I du *Père Humilié* ? Ma seule consolation, c'est de vous lire en public et de faire aimer du moins vos poèmes, comme un récitateur antique. Mais, vos drames, qui nous les donnera ?

À propos, j'ai beaucoup goûté votre Grégoire, lorsqu'il parle de ces « faux Ming qu'il vend fort cher aux amateurs et qui leur font bien plus de plaisir que les vrais[20] ». Seulement, ayant encore reculé il y a quinze jours devant les 2000 francs qu'on me demandait pour un *Partage de midi*[21], je me demande si vous ne mettez pas vos amis dans la cruelle nécessité de payer ce vrai Ming aussi cher que si c'en était un faux. Songez que je n'ai jamais pu le lire qu'en italien (j'ai d'ailleurs songé à la retraduire en français, et vous allez m'y obliger…) ; excusez-moi de vous redire ce dont on doit vous assommer, mais c'est vraiment d'un grand désir que nous désirons avoir aussi ce livre, que Dieu même ne peut empêcher d'avoir existé.

Excusez ce bavardage ; on n'écrit pas souvent à quelqu'un grâce à qui l'on sent combien il est beau d'être né, et croyez à la respectueuse affection de votre

Ét. Gilson

---

19   *Le Livre de Christophe Colomb* a été représenté au Staatsoper de Berlin, le 5 mai 1930. Il a été monté en France en 1953, à Bordeaux, dans une version oratorio dirigée par P. Boulez.

20   Dans les *Conversations dans le Loir-et-Cher* (Samedi) ; O. Pr., Gallimard, Pléiade, 1965, p. 807.

21   Claudel s'opposant à la réédition du *Partage de Midi*, publié en 1906 à L'Occident à 150 exemplaires, les exemplaires en circulation étaient très rares, et très chers. Mais des traductions en diverses langues étaient disponibles.

8. LETTRE DE PAUL CLAUDEL À ÉTIENNE GILSON

29 mai 1935
Ambassade de France en Belgique

Cher monsieur

Je suis infiniment touché de votre lettre et de l'intérêt que vous voulez bien prendre à mes vieilles *Conversations*[22]. C'est pour vous et pour des esprits comme le vôtre qu'elles ont été écrites. Aux autres elles ne causeront guère que malaise et stupeur. Elles servent de préface à ma nouvelle activité de ces dix dernières années qui s'est déjà traduite par un tas énorme de paperasses dont la plupart inédites. – Je saisis cette occasion pour vous remercier de votre livre sévère et juste sur l'enseignement religieux[23], un sujet qui m'intéresse au plus haut degré, et sur Saint Bernard[24]. Nous avons bien besoin de nous attacher de nouveau aux Pères de l'Église ! – Quant à *Partage de midi* des raisons personnelles m'empêchent de la publier en édition courante. Je ne suis pas sûr d'ailleurs que la littérature française y perde grand-chose ! Depuis que j'habite la Bible toute cette poésie passionnée et passionnelle a perdu pour moi son piment – *dissipata est capparis*[25] !

Je vous serre très affect. la main

Claudel

9. LETTRE D'ÉTIENNE GILSON À PAUL CLAUDEL

4 janvier 1944
2, avenue Émile Acollas, Paris VIIe

Cher poète

Nunc dimittis[26]… J'ai vu et entendu ce que je n'espérais voir et entendre, sinon tout votre cher *Soulier de Satin*[27], du moins la plus grande

---

22 *Conversations dans le Loir-et-Cher*, Gallimard, 1935. « Vieilles » néanmoins déjà parce que la plus ancienne datait de 1925. Elles avaient paru dans divers périodiques avant l'édition en volume.

23 Il s'agit de *Pour un ordre catholique*, Paris, DDB, 1934, réédité chez Parole et Silence, 2013.

24 Étienne Gilson, *La théologie mystique de saint Bernard*, Paris, J. Vrin, 1934.

25 « La câpre n'a plus d'effet », Ecclésiaste, XII, 5.

26 Début du cantique de Syméon, Luc II, 29-32. Le vieillard Syméon, prêtre au temple de Jérusalem, rend grâces à Dieu d'avoir pu voir le Messie avant de mourir, comme Dieu le lui avait promis. « Maintenant laissez, *nunc dimittis*, votre serviteur s'en aller en paix, selon votre parole ».

27 Il s'agit de la représentation (partielle) du *Soulier de Satin* à la Comédie-Française, le 27 novembre 1943, dans la mise en scène de J.-L. Barrault.

partie. Je ne dis pas que c'est plus beau que je ne le pensais, mais que j'ai vu et entendu que c'était aussi beau que je l'avais toujours pensé. Je devrais dire « nous », car ma famille remplissait une loge de huit places obtenue par des voies plus ou moins droites. Impossible de se coucher en rentrant, tout le monde recommençant la pièce et se diffusant en commentaires qui ont couvert une bonne partie de la nuit. Mon fils Bernard, quinze ans et demi, m'assure que c'est le premier et seul chef d'œuvre de la scène française depuis *Athalie*. Excusez le : c'est la première de vos pièces qu'il voit. Et puis, cette grande consolation que vous soyez là, pour créer l'amitié de cette foule sur les hauts plateaux de la vie spirituelle, en un temps où tout le reste vous manque. Il nous a tous semblé que l'immortel génie de la France s'affirmait opportunément par votre bouche. C'est par votre génie que la résurrection s'annonce et même commence. Quelle joie, quelle fierté presque personnelle pour nous qui vous aimons depuis si longtemps ! Laissez-moi donc vous dire merci pour tous les miens, et puisque je vous écris au seuil du nouvel an, celui de la victoire, permettez moi de vous offrir, pour vous et tous les vôtres, nos vœux les meilleurs et les plus sincères. Dieu veuille que j'aie la joie de vous revoir dans une France où misères et trahisons ne seront plus que de mauvais souvenirs. Vous êtes pour nous le gage de sa grandeur permanente, et, grâce à vous, elle n'aura jamais cessé d'être là. Ce qui vient de se passer est grand.

Croyez, je vous en prie, à notre reconnaissante et respectueuse affection.

Ét. Gilson

10. LETTRE D'ÉTIENNE GILSON À PAUL CLAUDEL

4 juin 1946
2, avenue Émile Acollas, Paris VIIe

Monsieur et cher maître

Je suis rentré du Canada juste à temps pour ne pas manquer le *Père Humilié*[28]. Un de mes rêves ! Non pas tout mon rêve, car j'envie les heureux qui verront un jour la grande trilogie complète et sans coupures, lorsque les Français se seront aperçus qu'ils ont eux aussi de quoi faire

---

28   Gilson a vu l'une des représentations données en mai et juin 1946 au théâtre des Champs-Élysées, dans la mise en scène de Jean Valcourt. C'était la première représentation en France de cette pièce écrite durant la Première Guerre mondiale et publiée en 1919. Elle n'eut d'ailleurs qu'un médiocre succès.

marcher un *Festpielhaus*[29] qui vaille largement les autres. Mais la bêtise collective est une force considérable. En tous cas, prenons ce que l'on nous offre, qui est plus que ce que l'on pouvait humainement espérer. Je suis rentré bouleversé de cette grandeur et de cette avalanche de beauté. Une fois de plus j'ai fait la découverte perpétuellement recommencée qu'on ne sait rien de votre théâtre même quand on l'a relu vingt fois. On croit le connaître ; quand on le voit, on constate que ce n'était pas vrai. La démonstration est encore plus probante avec le *Père Humilié* qu'elle ne l'était avec le *Soulier de Satin*. C'est merveilleusement scénique. Mais quel théâtre ! Jamais poète n'a invité public à ces hauteurs spirituelles, et le miracle est que la poésie vous donne l'impression fallacieuse qu'on y arrive tout seul. Quelle chute dans la rue quand on sort de cet envoûtement ! On ne peut pas vous remercier assez, mais on peut beaucoup vous aimer.

Le *Soulier* me rappelle qu'en juin dernier je suis allé au théâtre chinois, pour la première fois de ma vie, à San Francisco[30]. Il me semble, sauf erreur de ma part, que je comprends mieux maintenant vos justifications de mise en scène au début. Celle de Paris était encore timorée. On pourrait faire mieux. Tout un art du « bruit » nous manque. Il y a là dedans une force dramatique dont notre « musique » a perdu le secret. Après tout, il est normal que notre théâtre doive encore apprendre à vous jouer. C'est tellement et si éternellement neuf !

Mais je dois vous parler d'autre chose. Des amis m'ont invité à poser ma candidature à l'Académie Française : fauteuil Abel Hermant[31] ! Je l'ai fait, surtout en pensant à la joie de mes amis canadiens si j'étais élu[32]. Depuis que vous ne manquez plus à « sa » gloire, s'y présenter ne

---

29   « Palais des festivals », salle d'opéra.

30   Claudel avant même son séjour en Chine, et notamment lors de son séjour aux États-Unis (1893-1895) où il a assidûment fréquenté les *Chinatowns* de New York et Boston, a été un grand amateur de théâtre chinois.

31   Gilson est élu, au fauteuil 23, de l'Académie française en octobre 1946, par dix-huit voix sur vingt-quatre, à la place laissée vacante par la radiation d'Abel Hermant pour faits de collaboration. L'année 1946 est une année unique dans les annales de l'Académie, qui, après la guerre, pourvoit à douze fauteuils. C'est l'année de l'élection de Paul Claudel, Maurice Genevoix, René Grousset, Robert d'Harcourt, Jules Romains, Marcel Pagnol, Henri Mondor, etc.

32   Sur ce point, lire le discours de réception d'Étienne Gilson à l'Académie française, 29 mai 1947 : « Au moment où votre faveur m'ouvre des portes, qu'après un Bergson ou un Valéry on peut sincèrement hésiter à franchir, ce n'est plus seulement un messager que je voudrais faire passer devant moi, c'est une foule anonyme où je voudrais me confondre et que je vous demande d'accueillir. Laissez-nous passer tous ensemble, eux et moi parmi eux, ceux qui veillent sur la falaise d'Ottawa ou gardent les défilés de la Gatineau, les bûcherons des Laurentides avec qui j'ai rompu le pain dans la communion d'une même parole intelligible et ceux de ce fabuleux arrière-pays de Saguenay, où Jacques Cartier

va pas sans quelque ridicule pour un homme comme moi. Si vous saviez où je vous place dans mon cœur et dans ma tête, vous comprendriez mieux. Mais enfin, si un autre que moi y rentre, ce ne sera pas non plus un Claudel. Je ne retournerai pas à Montréal avant la fin de septembre prochain et si vous reveniez à Paris avant cette date je vous serais très reconnaissant de m'accorder la visite de candidature traditionnelle. Elle signifierait d'ailleurs pour moi bien autre chose…

L'abbé Combes[33] m'a repassé les manuscrits d'Abel Frédérik[34] à qui vous vous intéressez. J'espère faire publier d'abord *Cosmos et Gloire*, qui ne me semble pas incapable de lui créer un public. Comme l'homme, l'œuvre est inclassable, ce qui est toujours intéressant.

Veuillez croire, monsieur et cher maître, à mes sentiments de reconnaissance et d'affection pour toutes les joies et tout le bien que je vous dois

Ét. Gilson

11. LETTRE DE PAUL CLAUDEL À ÉTIENNE GILSON

10 juin 1946
Château de Brangues (canton de Morestel, Isère)

Monsieur et j'allais ajouter : cher confrère !

Certainement je voterais pour vous, si l'occasion m'en est fournie ! V. remplacerez avantageusement, j'ose le dire Abel Hermant ! Malheureusement je n'ai pas encore moi-même endossé l'habit vert et je ne prévois guère que mon discours de réception[35] sera prêt avant l'année prochaine. Mais tout ce que je puis avoir d'influence sur le Quai vous

---

n'a découvert ni l'or ni les diamants qu'il y cherchait, mais un autre y a depuis trouvé mieux, puisqu'il a trouvé Maria Chapdelaine. Tous ont droit à cet honneur, car d'est en ouest de cet immense continent en quelque lieu que sonne la langue dont ce peuple veut qu'elle soit la sienne, c'est qu'une jeune mère l'a d'abord transmise à son enfant avec le lait, le chant et la prière. Messieurs, je vous dois aujourd'hui une grande joie et je n'en fais point mystère. Voulez-vous la porter à son comble ? Permettez-moi de dire ici, en votre nom : le peuple Canadien a bien mérité de la langue française. »

33 Il s'agit de Mgr André Combes, ami, étudiant, médiéviste, membre du CNRS, spécialiste de sainte Thérèse de Lisieux. Voir dans les Archives nationales, Fonds Mgr André Combes : NAF 28257, correspondance (soixante-sept lettres échangées avec Gilson, 1931-1963).

34 Gilson semble confondre les noms. Il s'agit d'Albert Frank-Duquesne, comme le signale le titre de l'ouvrage évoqué, *Cosmos et gloire*, publié en 1947 chez Vrin. Voir *infra* la lettre de Claudel en date du 8 septembre 1950.

35 Claudel a été reçu le 13 mars 1947.

est acquis. Ce que vous me dites de vos impressions du *Père Humilié* me cause un immense plaisir.

Je vous serre affectueusement la main

Claudel

12. LETTRE DE PAUL CLAUDEL À ÉTIENNE GILSON

25 octobre 1946
9, rue Anatole de la Forge, Paris XVIIe

Cher monsieur et confrère

Toutes mes félicitations pour votre élection à l'Académie[36] ! Ma situation, disons limbaire, m'a seule empêché de v. donner ma voix. C'est d'ailleurs uniquement en arrivant à Paris que j'ai appris qu'il y avait une élection.

Si v. pouviez disposer d'un moment cette semaine, je serais bien heureux de vous voir.

Croyez, je vous en prie, à mes sentiments les plus cordialement dévoués

Claudel

13. LETTRE D'ÉTIENNE GILSON À PAUL CLAUDEL

7 décembre 1947
Conseil de la République[37]

Mon cher maître

Je suis rentré hier du Canada et aujourd'hui, en triant le monceau de livres amassés durant mon absence comme une chute de cette neige canadienne qui ne cesse de se recouvrir elle-même, j'ai trouvé la perle sans prix ! Les *Discours et remerciements*[38], dont je viens de relire d'un trait le discours aux publicistes chrétiens – J'avais eu la joie de l'entendre, mais je viens de m'apercevoir en le relisant, qu'il me faut ajouter une autre grandeur à toutes celles que je vous connaissais déjà, celle de l'orateur – Peut-être le seul grand depuis Bossuet ; en tout cas, pour mon goût personnel, le seul avec lui dont l'éloquence soit vraiment grande.

---

36 La veille, 24 octobre. L'élection avait été très disputée.
37 Équivalent du Sénat dans la constitution de la IVe République. Gilson y représente le MRP.
38 Paul Claudel, *Discours et remerciements*, Gallimard, 1947.

Comment vous remercier, sinon en vous redisant mon admiration affectueuse et ma reconnaissance pour tant de joies depuis tant d'années ? Croyez moi bien profondément vôtre

Ét. Gilson

14. LETTRE D'ÉTIENNE GILSON À PAUL CLAUDEL

17 mars 1950
2, avenue Émile Acollas, Paris VIIe

Mon cher Maître

Je suis accablé par l'inlassable fécondité de votre génie, et quand je pense que mon vieux Rhaban Maur[39] retrouve grâce à vous sens et vie, je me sens complètement désarmé.

Ce livre n'est d'ailleurs pas du Rhaban Maur, mais du pur Paul Claudel, car tout de même le vénérable exégète n'a pas mis au service de l'Écriture votre jaillissement poétique ininterrompu. Avez-vous jamais rien écrit de plus émouvant que votre *Bethsabée*[40] ? Et non ! Aucun ridicule à dire que Dieu a mal à Adam ! C'est même le mystère du péché, bien différent d'une faute ou d'un crime. L'Incarnation seule explique que Dieu puisse souffrir par nous comme il a souffert pour nous. Vous êtes là au cœur du Christianisme, et vous le savez bien !

Comment vous remercier pour ces joies toutes bibliques ? Car je me reproche en vous lisant ce que je me reproche en relisant l'Écriture : me laisser séduire à la beauté autant qu'à la vérité. Mais je n'ai pas vraiment de remords...

Croyez moi, mon cher Maître, fidèlement et affectueusement vôtre

Ét. Gilson

---

39 Étienne Gilson commente *Emmaüs*, paru chez Gallimard en 1949, où l'on trouve de nombreuses références à Raban Maur, moine et théologien né à Mayence (780-856), un des artisans de la « renaissance carolingienne ». Claudel, qui le nomme son « maître », suit de près son commentaire sur les livres des Rois, qui propose une lecture allégorique à mille lieues de la méthode historico-critique.

40 C'est un des chapitres d'*Emmaüs* ; voir Claudel, *Le Poëte et la Bible*, II, p. 486-492.

15. LETTRE DE PAUL CLAUDEL À ÉTIENNE GILSON

8 septembre 1950
Chatêau de Brangues (canton de Morestel, Isère)

Mon cher confrère et ami

Vous connaissez, je crois, Albert Frank Duquesne ? C'est un homme curieux, dont la vie a été aussi tumultueuse que la pensée[41]. Ses premiers volumes ressemblent à cette cité de l'Écriture que ses murailles ne suffisent pas à contenir. On est submergé par ce débordement d'érudition et d'idées (avec lesquelles je ne suis pas toujours d'accord).

Peu à peu il s'est assagi et son dernier livre *Le Dieu vivant de la Bible*[42] n'est pas loin d'être un chef-d'œuvre. Je vous le dis, comme je le pense.

Or Albert Frank Duquesne meurt littéralement de faim. Il a perdu son gagne pain (rédaction de réclames pharmaceutiques) et il ne vit plus, lui et sa femme, que du secours du chômage.

Il est candidat actuellement à une bourse d'études en France, qui le tirerait d'affaire. Elle est accordée par le Centre National de la Recherche et AFD me dit que vous pourriez quelque chose.

J'intercède donc auprès de vous pour ce malheureux homme que je considère tout de même comme quelqu'un de considérable. Il faut faire quelque chose pour lui.

Je vous remercie d'avance et vous serre la main

Claudel

---

41   Albert Frank-Duquesne (1896-1955). Écrivain et théologien belge d'expression française et d'origine juive, converti au christianisme, ordonné prêtre dans l'Église vieille-catholique, puis ordonné prêtre orthodoxe, puis passé au catholicisme en 1940. Il le dit dans ses notes autobiographiques : « Après un silence de sept années, et une magnifique retraite que la Providence m'a réservée, dans le bagne allemand de Breendonck, j'ai publié quelques ouvrages, dont je puis résumer comme suit l'esprit : à la lumière de l'Écriture Sainte, repenser le dogme et la spiritualité, en Catholique uni au siège de Pierre, mais dans une entière fidélité à la tradition des Pères orientaux. C'est la définition de mon œuvre, formulée en 1947 par feu Mgr Beaussart, archevêque coadjuteur de Paris. Ma position est donc celle d'un St Basile, d'un Théodore de Stoudion, et, dans les temps modernes, d'un Soloviov, d'un Korolewsky, des moines d'Amay, et, en général, des milieux entourant à Rome le Cardinal Tisserant. »

42   *Le Dieu vivant de la Bible : Unité, Trinité*, Éditions Franciscaines, 1950. Claudel avait donné en 1947 un avant-propos à *Cosmos et gloire. Dans quelle mesure l'univers physique a-t-il part à la Chute, à la Rédemption et à la Gloire finale ?*, Paris, Vrin, 1947 (rééd. Sombreval, 2009).

CHARLES GALPÉRINE
ET « LES GRANDES AMITIÉS[1] »

Les Grandes Amitiés est, on le sait, le titre du livre de souvenirs écrit, en 1940, à New York par Raïssa Maritain, la filleule de mon arrière-grand-père maternel Léon Bloy, qui relate, lors de son arrivée à Paris en 1893, les cours ici-même, au Collège de France, d'Henri Bergson en compagnie de Charles Péguy. Ces « Grandes Amitiés », dont le premier cercle allait se former autour de Léon Bloy à partir de leur rencontre en 1905 à Montmartre avec, notamment, Georges Rouault, Ricardo Vinès, Pierre Termier, et beaucoup d'autres qui se réuniront plus tard chez les Maritain à Meudon dans le sillage de Jean Cocteau.

Mais c'est aussi le titre que j'ai souhaité donner à cet hommage rendu à mon père dont la vie fut ponctuée d'une suite ininterrompue de rencontres, depuis celles nouées à la fin des années cinquante autour de la Société Paul Claudel, jusqu'aux dernières « Grandes Amitiés » scientifiques, en passant par celles nées en Israël et l'ultime rencontre de monseigneur Jean-Pierre Batut, qui a véritablement illuminé les dernières années de sa vie, et, je dirais, ses derniers moments.

C'est donc un parcours que je vous invite à effectuer à présent, constitué d'autant de pistes que je ne pourrai qu'évoquer, jalonnant un itinéraire couvrant près d'un siècle, qui va nous conduire de Boulogne à Jérusalem en passant par New York, Paris et Lausanne. Lausanne, où eut lieu au mois de mai de l'an passé un dernier repas organisé à l'occasion de son 89e anniversaire, réunissant autour de Denis Duboule qui nous accueille ici et de Jean Gayon qui nous a récemment quittés, tous ceux qui composaient, outre sa famille naturelle, celle qu'il appelait « sa famille » et dont la plupart des membres se trouve réunie aujourd'hui.

Et puisque cette cérémonie est placée sous le signe de l'amitié, je souhaiterais revenir un instant sur l'enfance de mon père marquée par

1   Intervention de Natacha Galpérine lors de la cérémonie d'hommage organisée le 14 mai 2019 au Collège de France à la mémoire de Charles Galpérine.

quelques figures lumineuses auxquelles il convient de rendre hommage. À commencer par la fille d'amis de nos grands-parents paternels, Paulette Oulitski, grâce à laquelle nous devions apprendre que le grand-père paternel de Charles, Salomon Galpérine, avait été un jeune rabbin à Kiev au milieu du XIXᵉ siècle, et que son fils Grégoire avait quitté Kiev en 1914 pour la Palestine, dans le but de reconstruire de ses mains en qualité d'ingénieur agronome la Palestine juive, poursuivant en cela l'idéal des jeunes sionistes. Un projet qu'il ne put mener à bien, ayant croisé sur sa route à Constantinople Anna Gourévitch, originaire de la même communauté juive du bassin d'Odessa que la jeune Raïssa Maritain que j'évoquais en commençant, qu'il épousera en 1924 avant de gagner la France. Après cinq années passées en Normandie, durant lesquelles Grégoire entreprend des études d'ingénieur à l'institut électromécanique de l'université de Caen, le couple arrive à Paris où naît Charles, le 18 mars 1929. Là, le couple s'installe d'abord Porte des Lilas, puis à Boulogne où Grégoire devient, en 1930, après un bref passage dans les usines Renault et quatre ans avant sa naturalisation, ingénieur du son dans les célèbres studios de Billancourt.

Pour se figurer ce que pouvait représenter en 1930 le Grand Studio de Billancourt, distinct des studios de Boulogne qui naîtront quelques années plus tard, il faut rappeler que celui-ci, n'ayant que dix ans d'âge, comptait déjà à son actif plusieurs chefs-d'œuvre. Après le *Napoléon* d'Abel Gance en 1927, c'est *La Passion de Jeanne* de Carl Théodor Dreyer, puis, avec l'arrivée en France du parlant en 1929, *Fanny* de Marc Allégret qui clôt la trilogie de Marcel Pagnol, ou encore *La Chienne*, premier grand film parlant de Jean Renoir. Ce même Jean Renoir qui allait réaliser en 1937 l'un des films français les plus célèbres, *La Grande illusion*, avec Pierre Fresnay, Jean Gabin, Dalio, Eric Von Stroheim, tourné dans le Haut Koenisbourg où Grégoire avait emmené mon père, celui que sur les plateaux on nommait « l'enfant de Gricha », alors âgé de huit ans. Un an auparavant, en 1936, l'année de la naissance de ses deux frères jumeaux, le futur médecin Igor Galpérine et le futur peintre Alexandre Galpérine, Grégoire l'avait emmené à Dourdan sur les lieux de tournage du film *Tarrass Boulba* réalisé par Alexis Granowsky, où Charles se paiera le luxe de tomber dans un marais avant d'être repêché par la troupe, installé dans le camion de Grégoire, et frictionné à l'eau de Cologne par Danièle Darrieux, Harry Baur et Jean-Pierre Aumont… En 1938, c'est un autre sommet du cinéma français qui voit le jour avec *Hôtel du Nord* de Marcel Carné, tourné dans le quartier du canal Saint-Martin, dont le canal lui-même reconstitué en studio grâce au plus grand décorateur de cinéma de l'époque Alexandre Trauner, si parfaitement reconstitué que l'endroit est devenu légendaire et que la Ville de Paris crut bon de faire classer la façade du véritable Hôtel du Nord au bord du canal, dans lequel il ne s'était pourtant rien passé, les prises de vues ayant été tournées entièrement en studio. La grande fierté de notre famille fut longtemps de guetter, entre les célèbres répliques d'Arletty et de Louis Jouvet sur le pont du canal Saint-Martin, le passage d'un garçonnet portant une casquette et ayant tout du « titi parisien », qui n'était autre que notre père. *Hôtel du Nord* marque l'apogée des studios de Paris-Cinéma, l'un des derniers films aussi auquel Grégoire participera, avant, en 1939, *Le Jour se lève*, autre grand film de Carné, puis, lorsque la guerre éclate, l'arrêt de la production cinématographique et l'exil de Jean Gabin en Amérique.

La magie des studios, véritable ruche où s'affairaient peintres, décorateurs, machinistes, dans l'atmosphère du Front Populaire, avec, du côté des producteurs, un monde cosmopolite où régnaient l'argent, les limousines de luxe et les créatures de rêve, offrait un contraste éclatant avec la vie quotidienne de notre père à Boulogne marquée par un climat d'insécurité grandissante. Dès son plus jeune âge, Charles eut l'intuition d'être né dans un monde menaçant. Pour échapper à ces menaces, sourdes d'abord puis de plus en plus précises, Grégoire, entre deux tournages, emmène son fils au bois de Boulogne, main dans la main ou à califourchon sur ses épaules, tandis qu'Anna prend l'habitude de le confier à des voisines ou parentes, celles que notre père appellera plus tard ses « saintes ». Telle Véra, une brave russe amie de ses parents, qui habite dans l'un des nombreux pavillons d'ouvriers situés sur l'île Seguin dans le voisinage des usines Renault, qui va lui procurer ses premières impressions venues de Russie à travers les odeurs qui imprègnent la maison : celles des salaisons pour l'hiver, du choux et des pommes rouges de Saint-Anton qui ont aujourd'hui disparu. D'autres impressions gustatives vont rapidement s'ajouter, grâce à celle qui devait jouer un rôle considérable dans son enfance, sa tante Zippa, une parente de Grégoire, mariée à un banquier de Saint-Pétersbourg, qui cuisine comme personne les plats juifs où se mêle la cuisine russe, en particulier les « matzobrei » dont raffole Grégoire, mais aussi le pied de veau, les gâteaux au fromage et la fameuse carpe farcie. C'est des plats de son enfance et de cette tante que sont venues les attaches profondes de notre père avec le judaïsme. C'est du reste elle qui l'emmène en

cachette à la synagogue de Versailles. En cachette, car l'éducation que
Grégoire entend donner à ses fils est exclusivement française, c'est-à-dire
laïque et républicaine, avec pour principale référence le Bunt, mouve-
ment d'émancipation des Juifs proche des communistes, deux sujets de
conversation ayant été bannis de la maison : la Russie[2] et la religion. C'est
à cette époque que Charles va nouer une première « Grande Amitié »
avec un petit camarade à l'école communale, Laoro Accorsi, d'origine
italienne, qui deviendra plus tard un homme d'affaires à Caracas et que
notre père retrouvera dans les années 2000, avec lequel il fait les 400
coups, ce qui lui vaudra aussi la menace de 400 coups de knout, seule
survivance de la Russie dans l'éducation de Grégoire.

Avec la déclaration de guerre, le 3 septembre 1939, s'ouvrent les
années noires, celles que mon père n'évoquait jamais mais qui n'ont
cessé de le hanter durant toute sa vie. C'est d'abord un premier décret
instituant un « Statut des Juifs » qui est promulgué en octobre 1940,
puis, fin 1941, l'instauration du couvre-feu qui impose aux Juifs d'être
chez eux après vingt heures, l'interdiction de posséder un poste de
radio, bientôt l'obligation de porter l'étoile jaune dès l'âge de 6 ans…
Le 1er avril, peu après qu'a été déclenché le plan d'extermination des
Juifs, Grégoire meurt d'une crise cardiaque, quelques mois avant la rafle
du Vel d'Hiv et l'arrestation, en octobre, de la tante Zippa et de son
fils Simon à Boulogne par deux policiers français escortant la Gestapo.

Durant ces événements dramatiques, notre grand-mère Baboussia va
se montrer remarquablement combative et être aidée par les quelques
figures lumineuses que j'évoquais précédemment. C'est d'abord Christiane
Tardivon, une amie de Grégoire, qui va l'aider à trouver une cachette
rue Dareau dans le dépôt de charbon de l'usine Oxa où Grégoire avait
occupé un dernier emploi. C'est là qu'Anna va rester avec Charles jusqu'à
la fin de la guerre tandis que les jumeaux, grâce à l'intervention d'une
assistante sociale très catholique de droite, tendance Croix de Feu et
proche du colonel de La Roque, vont pouvoir être pris en pension dans
l'orphelinat fondé par les sœurs de la charité rue de Sèvres.

C'est à cette époque que se situe un épisode que notre père relatait
souvent, celui de son séjour au printemps 1942, avec ses frères, dans
l'hôpital psychiatrique de Blois dirigé par le docteur Schützenberger,

---

2   Les parents de Charles parlant russe entre eux et tout le monde parlant russe à Boulogne,
     cela explique que, bien qu'ayant reçu une éducation essentiellement française, notre père
     n'ait rien perdu de l'usage de sa langue maternelle.

dont le fils, Marcel-Paul Schützenberger, dit « Marco » pour les intimes, s'engagera durant la guerre dans les Francs-Tireurs aux côtés de Jacques Monod et deviendra dans les années 1960 le célèbre médecin-mathématicien-informaticien que l'on sait ainsi que l'un des amis les plus chers de Charles. Un pavillon était tenu par les sœurs de la charité de Chartres où plusieurs enfants de la banlieue parisienne – la plupart communistes – avaient été recueillis. Au retour d'une promenade avec ses petits camarades, Charles ramasse par terre des quetsches un peu mûres et se met à bombarder le portrait du Maréchal sur une grande affiche où il inscrit la mention « Salaud, sale con ». À leur arrivée chez les sœurs, celles-ci ayant découvert « l'acte sacrilège », tous furent dénoncés et pendant 48 heures, le docteur Schützenberger dut se démener auprès du préfet pour que l'affaire n'aille pas plus loin.

Après les vacances, Charles entre au collège La Rochefoucault situé rue saint-Dominique, établissement tenu par les frères, notamment le frère Noé – Joseph Reboul – qui avait « une figure d'ange » et l'abbé Saint-Martin[3], jeune prêtre de la mission de Paris, qui l'emmène régulièrement le dimanche aux concerts Pasdeloup. Afin de respecter la promesse faite à Grégoire peu de temps avant sa mort, qui lui avait dit, le 18 mars 1942, le jour de ses treize ans, l'âge de la majorité chez les Juifs : « Si je disparais, il faudra vous faire baptiser, toi et tes frères, pour vous sauver », Charles se prépare au baptême sous la direction de l'abbé Saint-Martin. Le baptême aura lieu à l'église Saint-Pierre de Chaillot, où le maître de chapelle se trouve être Édouard Souberbielle – notre grand-père maternel – et où, dix ans plus tard, Charles épousera sa fille aînée, Marie-Claire.

Au sortir de la guerre, c'est encore grâce à un ami, un camarade d'hypokhâgne au lycée Louis-le-Grand, où Charles a été admis en 1946 en classe supérieure de mathélem après le baccalauréat passé à La Rochefoucault, René Desplat, élève d'orgue d'Édouard Souberbielle, qu'eut lieu la rencontre de nos parents. Celui-ci avait proposé à Charles de faire la connaissance d'Édouard et c'est ainsi que notre père effectua sa première visite à « La Tour », cet appartement ainsi nommé car situé au sixième étage sans ascenseur d'un immeuble surplombant le

---

3   L'abbé Saint-Martin était un jeune prêtre de la mission de Paris, dont l'hôtel existe encore aujourd'hui sur la colline de Chaillot. Chargé de l'instruction catholique en vue du baptême, il présenta l'Évangile à Charles d'une façon si simple et si belle que ce dernier eut l'impression de tout connaître déjà.

boulevard Montparnasse, et que notre mère vit se présenter un jeune homme de dix-sept ans, vêtu impeccablement, étincelant causeur, qui fit brusquement entrer la modernité philosophique avec Sartre, Husserl et Heidegger. Commence alors l'histoire de nos parents, entre la Sorbonne et la préparation de l'agrégation de philosophie, auréolée à l'époque d'un prestige considérable, ainsi que les cours dispensés par Jean Wahl dans le tout nouveau *Collège philosophique* qu'il venait de fonder en marge de la Sorbonne à Saint-Germain-des-Prés.

On peut s'interroger sur les raisons qui ont pu pousser un jeune homme d'origine juive russe à s'intégrer dans une famille catholique traditionnelle comme celle des Souberbielle. Rien en vérité de tellement surprenant, puisque c'étaient des catholiques, comme dans le cas des familiers du colonel de La Roque, qui avaient couru le risque de les sauver, lui et les siens. Régnait aussi à « La Tour » une atmosphère particulière que n'avait jamais connue jusqu'alors mon père, un lieu comme coupé des grands bouleversements du monde extérieur, dominé par la culture classique, grecque notamment, la philosophie qui passionnait Édouard et sa fille aînée, et la musique, Jean-Sébastien Bach mais aussi Schumann, Debussy, Stravinsky et Messiaen. Un lieu accueillant également, où ma grand-mère, Madeleine Souberbielle, la fille cadette de Léon Bloy, poursuivant en cela l'exemple de ses parents, tenait table ouverte, ce qui permit à notre père de côtoyer très tôt le premier cercle des bloyens – Georges et Marthe Rouault, Léopold et Flore Levaux, les musiciens Eugène Borrel et Félix Raugel, Joseph Bollery – qui allait le préparer à côtoyer, quelques années plus tard, celui des claudéliens.

C'est en effet lors de l'installation de nos parents, en 1953, dans le grand appartement du 26 rue du Laos situé près du Champ de Mars qu'eurent lieu deux événements d'égale importance pour notre père grâce à deux rencontres déterminantes : celle, en 1956, d'Albert Béguin qui le décida à devenir un acteur clé de la Société Claudel, et celle, dix ans plus tard, de Georges Canguilhem qui le mit sur la voie qu'il ne devait plus quitter, celle de l'histoire et la philosophie des sciences.

Pour évoquer les débuts de la Société Claudel, le mieux, me semble-t-il, est de vous lire cet extrait d'un article commandé à mon père, en 2008, pour commémorer le cinquantenaire de la Société Paul Claudel et du *Bulletin*, où vous retrouverez le style épuré et parfaitement maîtrisé que Charles conserva jusqu'à la fin de sa vie :

En feuilletant le premier *Bulletin* de la Société Paul Claudel, les souvenirs se pressent comme les ombres des antiques poèmes. Et pourtant j'aimerais évoquer les tous premiers amis comme des vivants ; je les vois, je les entends, avec quels yeux ? Quel regard du cœur et de l'esprit ? J'aime à penser qu'un certain avenir se dessinait là, voué à la fois à l'effacement, à l'affirmation et à l'enthousiasme. Nous ne pensions qu'à l'avenir, sans hésitation et sans calculs aucuns, l'évidence était entière et la jeune audace pas moins. Le *Bulletin* allait de pair avec la naissance de la Société Paul Claudel [...] Puisqu'il s'agit d'une évocation, je veux me concentrer sur ceux qui furent pour moi les trois fondateurs intimes ; ceux qui m'ont ouvert tout grand les premières portes dont j'hésitais à franchir le seuil. Le père Journet, fils de saint Dominique, prêtre et religieux du Couvent Saint-Jacques, rue de la Glacière à Paris ; Albert Béguin, alors directeur de la revue *Esprit*, et Pierre Claudel, l'incomparable et fraternel ami que je ne sépare pas de madame Paul Claudel et de sa sœur Renée Nantet [...]

Le second *Bulletin* rendait hommage au père Journet, mort accidentellement en mer de Cornouailles, en juillet 1958. On y lisait les noms du père Regamey, Marie-Jeanne Durry, Stanislas Fumet, le premier président de la Société Paul Claudel, Alain Cuny, Paul Flamand qui dirigeait les éditions du Seuil, Pierre Claudel qui ne manqua pas de rappeler que c'est autour du père Journet que se constitua la première équipe. Le destin qui suit les premières rencontres nous est totalement inconnu. Le père Journet connaissait Ève Mathis, qui introduisit Jacques Petit, son condisciple à la faculté des lettres de Besançon, et c'est Jacques qui nous présenta à Pierre Moreau, professeur à la Sorbonne, sous la direction duquel il avait préparé sa thèse sur Barbey d'Aurevilly critique. Ainsi se nouèrent des liens durables et confiants dont l'histoire à venir nous était cachée. « Combien secret, il était », écrivait, à propos du père Journet son condisciple le père Régamey, qui avait pris une grande part au renouveau de l'art sacré, « le plus étonnant est qu'il alliait à ce caractère impénétrable un don exceptionnel de sympathie. » [...] Je puis dire que notre amitié fut profonde et de cœur à cœur. Il était mon aîné (né en 1914), connaissait mes blessures laissées par la Shoah, mes attraits au sein de l'Église, et mes réticences intérieures, mon intention de me tourner vers la philosophie non sans tâtonnements sur les moyens. Il fallait donc préparer l'agrégation. Cela établissait entre nous une connivence. Il avait été étudiant en philosophie, à Grenoble, avant la guerre. D'où des discussions sans fin. Pierre Journet me disait souvent qu'il devait sa vocation à Claudel. Claudel avait donc une place dans son « ciel des Fixes », selon un mot qu'il aimait de Charles Du Bos. Mes goûts me portaient ailleurs en ce temps-là. J'ignorais presque tout de l'œuvre et de la vie de Paul Claudel. Bienheureuse ignorance puisque j'ai tout reçu. J'aperçus Paul Claudel lors de ses dernières sorties à l'occasion d'une vente de livres au couvent Saint-Jacques. Pierre Journet a dû me présenter au poète. Je revois son visage bordé d'un foulard de soie bleu à pois. Il me sourit. Le rire n'était pas loin [...] Pierre Journet déjà ébauchait les plans de la Société. On citait quelques noms : Jean Amrouche, Jean-Louis Barrault, Alain Cuny, Jacques Madaule... J'étais à-demi conquis et fort réticent. Qu'allait devenir la philosophie dans tout cela ?

Je crois que c'est Pierre Journet qui me conseilla de rendre visite à Albert Béguin aux éditions du Seuil, rue Jacob. Qui n'a pas connu Albert Béguin ne peut imaginer la façon dont il posait sur vous son regard. Je n'ai rencontré cette attention, plus tard, que chez le père de Lubac. Je n'ai pu me dérober à ce regard interrogatif. Certes, je voyais surtout en lui l'auteur de *L'âme romantique et le rêve* et puis, très loin, je devinais tout un monde que j'allais découvrir, après sa mort soudaine en 1957, avec son intime ami Hans Urs von Balthasar. Je le vis à plusieurs reprises dans son bureau d'*Esprit*. Les événements politiques nous atteignaient vivement : la guerre d'Algérie, l'écrasement de la révolte hongroise, par les chars soviétiques. C'était la fin des dernières illusions. Nous parlions évidemment de Claudel. Son admiration était entière. Il me répétait plusieurs fois : « C'est lui le génie, croyez-m'en. Et puis, que risquez-vous ? On vous donne accès à tout, aux manuscrits, à l'intimité de l'œuvre, ne manquez pas cela. » Je lui proposais la présidence de la future Société ; il ne pouvait que refuser ayant la charge de la revue et en pensant à ses projets littéraires. C'est lui qui me suggéra de faire offrir la présidence à Stanislas Fumet et me pressa de rencontrer Urs von Balthasar lors de son prochain passage à Paris. C'est en partie par fidélité à sa mémoire que j'ai consenti sans plus aucune réserve à m'occuper de la Société, des futurs *Cahiers Paul Claudel* chez Gallimard, du futur *Bulletin*, entouré de la première petite équipe. Jacques Petit allait bientôt publier dans le premier *Bulletin* la première ébauche de la trilogie des Coûfontaine, on y trouvait également un échange de lettres entre Stéphane Mallarmé et le jeune Claudel, ainsi que le salut du père du jeune poète en recevant *Tête d'Or* : « Ah ! le plaisir que je trouve dans cette lecture et aussi cette fierté d'avoir un fils doué d'un pareil génie et quel éclat sur notre nom quand, ce qui est maintenant certain, on arrivera enfin à te comprendre comme je te comprends et à te rendre pleine justice ».

Si le père Journet et Albert Béguin furent les initiateurs, c'est à Pierre Claudel que nous devons l'essentiel, « l'unique nécessaire », l'inspiration secrète et efficace. Il avait une telle connaissance intime, humaine et spirituelle de son père, un dévouement si entier à son œuvre, qu'il n'avait pas besoin de discourir ni même de se livrer à une profonde étude. Il en avait l'esprit, comme on dit si bien. Sa présence constante suffisait pour orienter sans diriger, pour soutenir et encourager sans limiter et sans critiquer. Chez lui, l'enthousiasme était sous-jacent et comme inépuisable. Que de fois il me répéta pour le *Bulletin* : « Charles, pas trop de professeurs », se souvenant de l'injonction de *L'Art poétique* : « Professeur, dans votre classe il fait parfaitement clair… » Quelle reconnaissance cependant et quel respect chez lui quand il accueillait Pierre Moreau, un peu solennel, souriant avec malice et dévoué sans repos, ou Jacques Petit, le compagnon de toujours qui éblouissait par sa puissance de travail. Sans rien soustraire à ces sentiments, je crois tout de même que sa prédilection allait aux gens de théâtre. Je ne parle pas ici de ceux de la « famille », les familiers de son père devenus les siens, tels Jean-Louis Barrault et Madeleine Renaud, ou Alain Cuny, le futur Tête d'Or, tout comme Laurent Terzieff, l'admirable Cébès, ou Louis Laine de *l'Échange*, mais des plus jeunes dont je ne citerai pas les noms de peur d'en oublier. C'était là dans les répétitions que Pierre était le plus heureux ; il vibrait avec les personnages de son père, les reconnaissait comme des vivants. Là était le moment qui révélait à chaque reprise théâtrale le génie claudélien […].

La fondation, en 1958, de la Société Paul Claudel marque le point de départ d'une série de « Grandes Amitiés » dont la plupart ont aujourd'hui disparu, mais dont le souvenir reste encore très présent à travers les nombreuses lettres et dédicaces que nous avons précieusement conservées.

La préparation du premier *Cahier Paul Claudel* consacré à *Tête d'Or*, en 1959, est ainsi l'occasion d'une rencontre avec le poète et écrivain, Jean Amrouche, d'origine algérienne, réalisateur des *Mémoires improvisés* de Paul Claudel et militant actif en faveur de l'indépendance de l'Algérie. Entre deux « missions de bons offices » entre le FLN et certaines autorités politiques françaises, Jean Amrouche reçoit Charles à son domicile du boulevard Malesherbes et c'est une amitié fraternelle qui va les réunir jusqu'à la mort d'Amrouche, le 16 avril 1962, peu de temps après l'accord du cessez-le-feu, prélude à la proclamation de cette indépendance pour laquelle il n'avait eu de cesse de militer.

La préparation du deuxième *Cahier Paul Claudel* sur *Le Rire* est le prétexte d'une nouvelle rencontre, celle d'Eugène Ionesco, avec lequel, au fil de leurs entretiens portant notamment sur le comique de Claudel qualifié par Ionesco d'« immense raillerie paysanne », allait se nouer une amitié durable.

Mais de toutes les « Grandes Amitiés » qui allaient accompagner les débuts de la Société Claudel, celle qui devait le plus marquer mon père fut sans conteste la rencontre du théologien Hans Urs von Balthasar, « l'Ami » d'Albert Béguin, aumônier des étudiants bâlois, fondateur de l'Institut Saint-Jean, cardinal de l'église romaine, mais aussi le traducteur avant la guerre du *Soulier de Satin*, des *Odes* et de *La Messe là-bas*. Leur première rencontre avait eu lieu lors d'un passage à Paris de Balthasar qui avait coutume de descendre à l'hôtel du Pas-de-Calais, rue des Saints-Pères. S'étant engagés à pied le long des quais en direction du Palais de Chaillot, s'ensuivit une longue conversation exclusivement littéraire portant sur Virgile, Euripide et Sophocle. Tout à coup, au moment de traverser la Seine pour rejoindre le Palais du Louvre, Balthasar se mit à réciter en grec Euripide afin de démontrer à notre père la supériorité d'Euripide sur Sophocle pour avoir découvert l'amour humain, et non plus seulement l'amour fraternel. Charles lui demanda alors s'il accepterait, comme l'avait suggéré Albert Béguin, de présider la future Société Claudel. Balthasar lui opposa le même refus que Béguin : il avait d'abord son livre sur Bernanos à terminer, ainsi qu'un autre en cours sur Le Corbusier et Ronchamp, surtout il venait de prendre la décision de se consacrer entièrement à la publication de l'œuvre d'Adrienne von Speyr. Quelques années plus tard, Balthasar étant devenu depuis cette première rencontre un ami, allait l'introduire auprès de celle-ci, dans la fameuse maison « Auf Burg » où elle résidait, située sur la place de la cathédrale à Bâle, dont la terrasse donnait sur le Rhin et surplombait un splendide parterre de fleurs. Après quelques propos de convenance échangés sur Sartre et Simone de Beauvoir, à la stupéfaction de Charles qui pensait rencontrer une pure exégète des Écritures, celle-ci se pencha vers Balthasar pour lui demander s'il n'avait pas oublié de retirer des billets à la Scala pour entendre la Tebaldi. Jamais on n'aurait pu se douter que, le matin même, elle avait reçu des malades et commenté l'Évangile ! Fille d'un professeur de médecine, elle-même médecin, mariée avec enfants, elle était, en effet, dotée d'un véritable génie d'explication des Écritures, ayant laissé, au moment de son décès survenu en 1967, une soixantaine de volumes de commentaires de la Bible. Après le décès d'Adrienne, Charles, accompagné de mon frère Alexis, rendit une nouvelle fois visite à son ami qui les conduisit au musée de Bâle contempler le célèbre tableau du Christ crucifié par Holbein à l'origine de la conversion de Dostoïevski. Alexis lui ayant joué du Bach, Hans Urs von Balthasar lui confia ne jamais s'endormir sans avoir lu une partition de Bach ou de Mozart.

Parmi les autres « Grandes Amitiés » nouées avec des spécialistes de l'œuvre de Paul Claudel, il faut également mentionner celles qui allaient se former autour de l'Institut collégial d'études françaises, qui deviendra par la suite l'Institut collégial européen, fondé en 1947 par Gilbert Gadoffre, ce spécialiste des auteurs français de la Renaissance (Ronsard et du Bellay en particulier) mais également auteur d'une thèse sur *Claudel et la Chine*, qui avait effectué toute sa carrière en Grande-Bretagne et aux États-Unis, à l'exception de la Seconde Guerre mondiale qui le vit prendre une part active à la Résistance. C'est durant la guerre qu'il rencontra sa femme Alice Staath, également très active dans les réseaux de la Résistance protestante – Dieulefit, Nîmes, Lyon et Genève – et proche de Bernard Anthonioz, l'époux de Geneviève de Gaulle et l'ami intime d'Albert Béguin. C'est ainsi, par le biais de Claudel, que Charles fut conduit à participer aux nombreuses manifestations culturelles organisées régulièrement par les Gadoffre à Royaumont et à Loches en Touraine, aux côtés notamment de Pierre Brunel, qui n'a pu être présent parmi nous, cet incomparable professeur de littérature comparée, auteur de deux thèses sur Paul Claudel, et resté depuis cette époque l'un des amis les plus fidèles de mon père.

On ne saurait non plus oublier, parmi les « Grandes Amitiés » de ces années, le célèbre médecin Henri Mondor, l'ami intime de Valéry et de Claudel, qui possédait une fabuleuse collection de manuscrits littéraires, le père Xavier Tilliette récemment disparu, spécialiste de Schelling et membre actif de la Société Claudel, ainsi que mon parrain Jacques Petit, avec lequel mon père rédigea l'introduction du volume des *Œuvres en prose* de Claudel paru en 1965 dans la Bibliothèque de la Pléiade, mais auquel on doit également la publication au Mercure de France de l'œuvre complète de Léon Bloy.

C'est aussi à cette époque qu'eut lieu une autre rencontre déterminante pour l'avenir professionnel de Charles avec celui qu'on ne présente plus devant cette assemblée, je veux parler de Georges Canguilhem, l'ami de Jean Cavaillès, spécialiste de l'histoire des sciences à la française à laquelle il avait donné, avec Gaston Bachelard, ses lettres de noblesse, mais connu également pour avoir la dent dure dans les jurys de concours. Parallèlement à ses activités prenantes de secrétaire général de la Société Claudel, Charles, qui avait été précédemment admis au CAPES, s'était remis à la préparation du concours d'agrégation de philosophie. Rencontrant de sérieuses difficultés dans les épreuves de latin et de grec, il avait demandé à être reçu par Canguilhem qui lui prodigua quelques conseils techniques mais qui surtout fascina Charles, non seulement par sa forte personnalité et son autorité au sein du monde universitaire, mais par la manière dont il enseignait cette matière pour lui totalement nouvelle : l'histoire et la philosophie des sciences. Peu de temps après, Charles était reçu au concours présidé par Canguilhem mais au prix d'une tuberculose rénale qui sera, de nouveau, l'occasion d'une rencontre qui se transformera en amitié, celle du professeur Henri Péquignot. L'agrégation de philosophie lui ouvrait les portes de l'université tandis que l'épistémologie allait préparer l'aventure qui commencera plus tard avec le groupe de Pasteur autour des biologistes François Jacob et Jacques Monod.

Comme toujours dans la vie de Charles, cette aventure fut rendue possible grâce à une rencontre qui allait devenir une nouvelle « Grande Amitié », celle de Robert Mallet. Ancien secrétaire d'André Gide, essayiste et poète proche des surréalistes, ce dernier venait d'être nommé recteur à Amiens où Charles entamait son second poste, après Arras et avant Lille, comme professeur de philosophie à l'université. Leur rencontre, là encore, se fit grâce à Claudel, Robert Mallet ayant publié chez

Gallimard la *Correspondance* de Claudel, en particulier celle échangée avec André Gide. Quelques années plus tard, devenu recteur et chancelier des universités à Paris, il proposa à Charles d'être le secrétaire général d'un colloque international à la Sorbonne, sous l'égide du nouveau Président de la République Valéry Giscard d'Estaing, autour de Georges Canguilhem, Jean Bernard, François Jacob et Jacques Monod et portant sur le thème « Biologie et devenir de l'homme ». Quatre ans plus tard, titulaire d'une bourse Fulbright-Hays, Charles était invité par les universités de Columbia et de Berkeley. C'est au cours de ce voyage qu'eut lieu au California Institute of Technology, grâce à Seymour Benzer, la rencontre avec Max Dellbrück, rencontre qui approfondira le lien entre Charles et Elie Wollman, mentor en génétique bactérienne et virale.

La suite est connue et a été largement évoquée, que ce soient les recherches de mon père portant sur l'histoire de la génétique moléculaire, sous le regard, à l'Institut Pasteur, d'Elie Wollman, d'André Lwoff et François Jacob, ou celles portant sur la biologie du développement, jusqu'aux derniers travaux de Denis Duboule dans cette maison qui allait être le théâtre de plusieurs autres « Grandes Amitiés ». Ce sera d'abord celle nouée avec le professeur d'économie François Perroux, l'un des responsables de l'Institut collégial européen, puis avec le mathématicien professeur de physique théorique André Lichnérovitz, qui animera avec Marcel-Paul Schützenberger un séminaire d'épistémologie auquel assistera régulièrement Charles, enfin avec un autre philosophe très instruit en mathématiques Jean Largeault, qui sera à l'origine de l'amitié que Charles nouera avec sa femme, Anne Fagot-Largeault, elle-même ancienne élève de Georges Canguilhem.

Parvenus à ce stade de notre parcours et avant d'en entamer le dernier volet, on ne peut manquer d'être frappé par certaines dates qui marquent un tournant dans l'existence. Et assurément, l'année 1967 fut celle-là pour Charles puisque, outre l'agrégation, elle lui permit de rencontrer celle qui allait devenir sa seconde épouse, Rachel Goitein. Une rencontre, à nouveau rendue possible grâce à la Société Claudel, celle-ci, professeur de littérature française à l'université de Tel Aviv – spécialiste notamment de Diderot et d'Albert Cohen – et ayant la double nationalité américaine et israélienne, étant venue à Paris consulter un inédit de Claudel dans le cadre de sa thèse portant sur « Le personnage juif chez les écrivains français de l'entre-deux-guerres ».

Une rencontre qui ne devait rien au hasard, qu'il s'agisse de leurs origines, russo-lituaniennes du côté du grand-père maternel de Rachel, russes du côté de Charles, ou des années noires de la Seconde Guerre mondiale. Au soir de sa vie, notre père méditait souvent sur l'extraordinaire destin de cette famille qui avait vu une jeune fille de 18 ans, Rachel, fuir en juin 1940 avec sa famille Paris, où elle avait fait ses études au lycée Molière, pour Poitiers, puis Bordeaux et Porto et enfin New York, après une traversée mémorable de l'Atlantique sur un rafiot portugais encerclé de sous-marins allemands, rencontrer à son arrivée Jacques et Raïssa Maritain – les filleuls du grand-père maternel de notre mère, Léon Bloy – son père devenant l'administrateur et le trésorier de l'École libre des hautes études fondée en février 1942 par Jacques Maritain qui accueillera bientôt Claude Lévi-Strauss, Alexandre Koyré, Jacques Hadamard, Ramon Jakobson, Jean Wahl et beaucoup d'autres universitaires émigrés, avant d'épouser, trente-cinq ans plus tard, Charles, lui-même faisant partie de ces « naufragés et rescapés » dont a parlé Primo Lévi !

Une rencontre, qui allait être également ponctuée d'une série de « Grandes Amitiés », nouées dans l'appartement qu'ils allaient occuper pendant plus de trente ans dans le quartier des Gobelins au 33 de la rue Croulebarbe, dans cette Tour Albert bien connue de certains parmi vous, où nous venons mes frères et moi – en particulier mon frère Cyrille Galpérine – de déménager la centaine de livres qui ont accompagné Charles tout au long de sa vie, et dont une partie va désormais rejoindre, conformément à sa volonté, la bibliothèque de l'Institut Pasteur.

Parmi ces « Grandes Amitiés », il faut citer Marthe Robert, cette germaniste, spécialiste de Flaubert, de Cervantès, de Freud et surtout de Kafka, dont elle avait traduit le *Journal* et certains inédits, que Rachel avait souhaité rencontrer après la lecture du *Roman des origines et origines du roman* récemment paru. Celle-ci la reçut accompagnée de Charles, auquel elle déclara d'emblée qu'en dehors de *Connaissance de l'Est* Claudel n'était pas son affaire – pas plus d'ailleurs qu'Albert Cohen – ce qui ne l'empêcha pas de les inviter par la suite tous les vendredis soir à dîner à son domicile du 21 de la rue Casimir-Périer, avant d'être reçue à son tour rue Croulebarbe en compagnie de Bertrand Saint-Sernin et de son amie Dina Dreyfus au cours de soirées éblouissantes où chaque convive était passé maître dans l'art de la conversation, cet art que Charles avait porté à sa perfection. Plus tard, à la fin des années 1990, Charles fit la connaissance du poète Pierre Oster, l'ami intime de Bertrand

Saint-Sernin, grand admirateur de Paul Claudel, mais dont le véritable maître avait été Saint-John Perse. C'est également dans ces années que Charles et son frère Igor eurent la joie de retrouver une partie de la famille demeurée à Moscou, notamment une cousine, descendant d'un frère du fameux prince Bagration immortalisé par Tolstoï et mariée à Taïr Salakhov, ancien secrétaire de l'Union des Artistes et vice-président de l'Académie des Beaux-Arts à Moscou, qui avait eu l'insigne privilège d'être, notamment, l'ami de Dimitri Chostakovitch dont il avait peint le très fidèle portrait.

La rencontre de Rachel allait surtout permettre à notre père de renouer avec ses racines juives, ce que les circonstances et rencontres antérieures avaient différé, à la faveur d'une ultime rencontre, celle d'Emmanuel Lévinas. Leur première rencontre avait eu lieu en 1967, en même temps que Rachel, à l'occasion de la préparation du *Cahier Claudel* sur *La Figure d'Israël*. Charles devait le retrouver quelques années plus tard lorsqu'il suivra à partir de 1975, en compagnie de Rachel, l'enseignement talmudique qu'Emmanuel Lévinas dispensera jusqu'à la veille de sa mort, en 1995, à l'École israélite orientale qu'il avait dirigée pendant vingt ans. Rapidement l'habitude fut prise de déjeuner ensemble le samedi, et c'est ainsi que, pendant plus de dix ans, Rachel et Charles furent introduits dans la famille Lévinas, dont les liens furent conservés à la génération suivante entre les deux fils musiciens, le pianiste et compositeur Michaël Lévinas et mon frère le violoniste Alexis Galpérine. Lors de la publication, en 1986, par les éditions Verdier en français de *L'Âme de la Vie* de Hajjim de Volozhyn[4], l'un des ouvrages les plus importants pour Emmanuel Lévinas, ce dernier, qui en avait rédigé la préface, tint à en offrir un exemplaire dédicacé à notre père en témoignage de son amitié. Plus de dix ans auparavant, Charles avait effectué un premier voyage en Palestine juive, celui-là même que Grégoire n'avait pu accomplir, découvert le grand appartement de Rachel à Jérusalem, et noué de nouvelles amitiés, notamment avec le frère Marcel de la fondation Saint-Isaïe, ainsi qu'avec le grand professeur de violon Salomon Bernstein, l'ami de David Oïstrak.

Au moment de refermer ce chapitre sur « Les Grandes Amitiés », il me faut encore citer deux rencontres essentielles survenues après le décès, en 2010, de Rachel et celui de notre mère quatre ans plus tard,

---

4   Hajjim de Volozhyn (1749-1821), rabbin et talmudiste, fut le disciple du célèbre Gaon de Vilna.

qui allaient permettre à mon père de surmonter l'épreuve de la solitude puis de la maladie, celles de Roselyne Chatel et de monseigneur Jean-Pierre Batut.

À l'instar de ces « saintes » qui avaient pris soin de Charles enfant, Roselyne Chatel, qui s'était occupée de Rachel tout au long de sa maladie, continua après le décès de celle-ci de prendre soin de notre père, devenant progressivement une véritable amie, présente chaque jour à l'hôpital durant les derniers mois et présente encore à ses côtés dans ses derniers moments.

Quant à monseigneur Batut, cet ami d'enfance, collègue de notre mère au séminaire Notre-Dame-de-Paris devenu le collège des Bernardins fondé par le cardinal Lustiger — lui-même proche de la famille Souberbielle — c'est lui qui permit à notre père de relier les fils de son existence, partagée entre deux rives géographiques et spirituelles, celle de la France autour de Claudel et de « la fleur du catholicisme français », et celle d'Israël et du judaïsme, qui devait le ramener en Terre Sainte pour y achever, auprès de sa seconde épouse Rachel mais en parfait accord avec notre mère, ce parcours que nous avons effectué ensemble, accompagné de toutes les « Grandes Amitiés » encore vivantes réunies ici, et de toutes celles, aujourd'hui disparues, qu'il a désormais retrouvées.

Natacha GALPÉRINE

ENTRETIEN AVEC ALAIN BADIOU
À PROPOS DE PAUL CLAUDEL

BULLETIN DE LA SOCIÉTÉ PAUL CLAUDEL : Quel rôle Claudel a-t-il eu dans l'écriture de certaines de vos œuvres ? Dans quelle mesure a-t-il pu jouer le rôle d'un déclencheur de votre écriture ou de votre réflexion ?

ALAIN BADIOU : Pour tout ce qui relève de mon œuvre proprement théâtrale, Claudel est décisif. Il l'est par le lien serré qu'il maintient entre les péripéties de l'existence, la situation historique, l'importance de l'amour et le travail de la pensée, de la croyance, de la vision du monde. Il l'est par le style, toujours relevé par la recherche syntaxique et lexicale, par une rythmique du phrasé toujours reconnaissable, mais qui est aussi très varié, capable d'aller du plus intense lyrisme au comique le plus débridé.

Cette influence s'étend au roman, surtout s'agissant de mes deux premiers livres, *Almagestes* (1964) et *Portulans* (1969), où l'amplitude des phrases et l'étendue des périodes rappellent le jeune Claudel, celui notamment de *Tête d'Or*. Pour la philosophie proprement dite, c'est autre chose. Je crois que, comme Claudel dans ses essais les plus théoriques, je cherche surtout à être clair, même quand je suis difficile, et à faire entendre non seulement l'idée, mais la conviction qui la porte. Enfin, dans les essais politiques, je mets une vigueur, une certitude, qui elles aussi appartiennent au Claudel que je considère comme un loyal combattant de sa croyance, à ses risques et périls.

BSPC : Quels personnages vous paraissent remarquables dans le théâtre de Claudel ? Auxquels êtes-vous attaché ?

A. B. : Sur ce point, on change en vieillissant... J'ai admiré dans ma jeunesse la force épique de Tête d'Or, la complexité historique du sombre Turelure, ou la passion subtilement orgueilleuse d'Ysé. Mais aujourd'hui, je suis plutôt du côté des femmes qui arrivent à conjoindre leur singularité à la mission, de portée universelle, que Dieu – ce personnage aussi décisif qu'absent de toute représentation – leur a confiée, de Lâla dans *La Ville* à Prouhèze dans *Le Soulier de satin*. Voire aussi la Jeanne d'Arc de *Jeanne au bûcher*.

BSPC : Claudel est-il à vos yeux un écrivain politique ?

A. B. : Si l'on entend par « politique » tout ce qui relève de la capacité des hommes à infléchir leur destin collectif, je réponds « oui », sans hésiter. Bien entendu, ce destin, pour Claudel, se fait essentiellement sous le regard de Dieu, et la force personnelle qu'il faut mobiliser pour y intervenir est en dernier ressort la foi. Mais enfin, la question de ce qu'il importe de choisir pour que votre singularité puisse être en accord avec ce que Dieu demande à ses créatures est tout à fait centrale dans l'œuvre de Claudel. De même pour moi, il n'y a politique qu'autant qu'une idée, une grande Idée, permet aux hommes de conjoindre activement leurs différences au service d'une humanité réconciliée. Je reconnais donc Claudel comme un écrivain, un penseur, politique au sens le plus large du mot.

BSPC : Pensez-vous avoir une même conception de la justice ?

A. B. : C'est déjà beaucoup, par les temps qui courent, dominés par l'individualisme, la concurrence et la distinction fondamentale entre gagnants et perdants, d'avoir, tout simplement, une conception de la justice. Je rappelle souvent, du fond même de mon incroyance, que « catholique » vient du grec *katholikos*, qui signifie « universel » ou « pour tous ». Claudel avait certes une expérience personnelle des différences de classe, et était sur ce point plutôt conservateur. Mais son œuvre est portée par l'universalité du message divin, et par la conviction que la justice de Dieu ne fait pas acception des hiérarchies terrestres dans son jugement final, même si elle les a voulues. Ma vision de la justice consiste au fond à affirmer que le tribunal du « pour tous », de l'égalité, du vrai « catholicisme » en son sens étymologique, est de bout en bout un drame terrestre.

C'est du reste bien ce qu'ont affirmé tant les prêtres ouvriers des années cinquante que la théologie de la libération des années soixante. Claudel pensait de même, certes pas en tant qu'activiste politique, mais en tant qu'artiste d'un théâtre épique.

BSPC : Dans votre conception de la division du travail dans une société (Jour 4 de *La République de Platon*), quelle place réservez-vous au prêtre (si vous lui réservez une place) ?

A. B. : On peut tenter, oui, on le peut, une comparaison entre le prêtre et le militant communiste. J'ai moi-même remarqué, dans mon livre sur saint Paul, que le but de cet apôtre est bel et bien de constituer, dans tout l'Empire romain, un ensemble d'activistes (en définitive, historiquement, les prêtres) chargé de faire connaître à toutes les populations sans exception et à toutes les classes de la société, y compris les femmes et les esclaves (toujours le « pour tous »), un événement fondateur, nommément la résurrection du Christ, qui peut et doit changer leur pensée et leur façon de vivre.

À un niveau certes purement formel, on peut soutenir que le militant, de même, doit faire connaître à tous, surtout aux prolétaires et à leurs amis intellectuels, et la pensée politique fondatrice (Marx et tous les autres), et les expériences révolutionnaires, même vaincues (de la Commune de Paris à la Révolution culturelle en Chine), de façon à ce qu'ils puissent animer les mouvements sociaux dans la direction d'une émancipation de l'humanité tout entière.

Je note au passage que, tant dans l'histoire de l'Église que dans celle des partis communistes, on a vu que la venue au pouvoir créait le risque majeur d'une corruption, d'un abandon de la foi primordiale et de son désintéressement universaliste au profit d'une occupation des places sociales dominantes. Il est alors possible de comparer l'empereur Constantin, qui fait du christianisme l'idéologie dominante (et obligatoire…) dans l'Empire, et Joseph Staline, qui fait du marxisme-léninisme l'idéologie obligatoire de la Russie soviétique. Dans les deux cas, le « pour tous » universaliste et égalitaire est largement oublié.

BSPC : Qu'est-ce que pour vous l'« échange » ?

A. B. : L'échange est la métaphore qui représente la loi intime des sociétés modernes, livrées au capitalisme et à la souveraineté de l'argent : au lieu d'être inspirées par la passion de l'Autre, l'amour spiritualisé, l'égalité dans la foi, les relations entre les membres de ces sociétés obéissent aux lois économiques, dominées par ce que Marx nomme, avec les théoriciens anglais, la « valeur d'échange ». Mobilisé par son observation attentive de la société américaine, Claudel a vu et mis en scène des rapports interpersonnels dont la « mesure » ultime se fait en termes de gain et de perte, de bénéfice et de faillite, d'échange égal ou inégal. Il a ainsi pris la mesure des obstacles que de telles sociétés opposent au « pour tous » de la justice divine.

BSPC : Dans le « feuilleton philosophique » qu'est *La République de Platon*, vous recourez à la forme du dialogue platonicien, en la sous-tendant parfois d'ironie, mais avec un souci de didactisme lorsque vous cherchez à préciser le sens des mots. Vous sentez-vous une parenté formelle avec Claudel qui recourt au genre de la conversation, ou bien à des formes d'exégèses dialoguées ?

A. B. : Oui, sans aucun doute. Les conversations, les dialogues, et finalement un style théâtral, sont autant de formes remarquables que Claudel impose à la tradition essayiste française. On ne voit guère, comme ancêtre vraiment notoire de cette façon de faire, que Diderot. J'ai essayé de me rapprocher de ce style dans ma translation de Platon, d'y faire vivre un vrai dialogue, ce pour quoi, du reste, j'ai dû inventer et injecter un personnage féminin, afin que, sur ce point au moins, s'esquisse un « pour tous ».

BSPC : Le théâtre a-t-il un rôle politique dans la cité à vos yeux ? Peut-il proposer le modèle d'une dialectique de la parole ? une catharsis ?

Λ. B. : Le théâtre est d'emblée quasi politique, parce que d'abord il est souvent, notamment en France, une institution de l'État – voyez la Comédie-Française, et tous les théâtre nationaux –, ensuite parce qu'il rassemble les gens pour les prendre à témoin d'un problème de la vie, personnelle ou collective. Mais tout cela est en définitive filtré par l'attention personnelle du spectateur. Même le théâtre militant de Brecht ne peut parvenir à imposer une conviction, il laisse au spectateur la puissance du jugement, distribue les arguments, favorise en sous-main une vision du monde… Tout cela n'est ni modèle, ni uniquement catharsis. Je pense qu'il s'agit plutôt d'une éducation concernant les différentes strates de l'expérience humaine. J'aime la formule de Vitez : « le théâtre tente d'éclairer l'inextricable vie ».

BSPC : Claudel aimait le théâtre antique grec, celui d'Eschyle en particulier dont il a très tôt traduit l'*Agamemnon*. Mais il a aussi beaucoup remis en question les modèles antiques (et païens) comme le classicisme. Quelle est votre position par rapport à l'Antiquité, son modèle politique (démocratie athénienne), mais aussi littéraire et philosophique ?

A. B. : Je pense que la puissance des tragédies grecques, comme celle des comédies (ma pièce *Les Citrouilles* suit le fil de la pièce d'Aristophane *Les*

Grenouilles), transcende les modèles formels du classicisme. Ces modèles proviennent bien davantage de l'esthétique d'Aristote, du théâtre romain, et des théoriciens académiques du XVIIᵉ siècle. Si on se met devant le texte nu des tragédies, tout spécialement celles d'Eschyle ou de Sophocle, on peut y entendre une musique très différente de celle dont Boileau veut nous convaincre qu'elle est un modèle insurpassable. Que cette musique puisse consonner avec le christianisme violent de Claudel comme avec la prosopopée révolutionnaire indique un au-delà de la tradition scolaire « humaniste », comme aussi de la tradition politique « démocratique ».

BSPC : En 1972, vous commencez *L'Écharpe rouge* qui paraît en 1979 aux éditions Maspéro. Qu'advient-il de l'enjeu chrétien du salut, moteur du *Soulier de satin*, dans votre drame communiste ?

A. B. : Vous savez, bien sûr, que pour Claudel, sur l'arrière-plan de la conquête du monde par les Européens – et de la mondialisation du message chrétien –, le *Soulier de satin* raconte une histoire personnelle cruciale : la rencontre de la Femme, proposée à l'homme par Dieu en tant qu'épreuve personnelle décisive au regard des conditions du salut de son âme. *L'Écharpe rouge*, sur l'arrière-plan des actions révolutionnaires du communisme mondial, raconte aussi l'épreuve cruciale qui oppose un frère et une sœur à propos du salut possible de l'hypothèse communiste, compte tenu de ses divisions internes violentes. À l'arrière-plan, il y a ma propre expérience, où ce que mes camarades et moi tirions de l'expérience maoïste venait contredire la bonne conscience du parti communiste officiel, et questionner sérieusement l'héritage stalinien. Après tout, il s'agit, dans les deux cas, du salut de l'Idée dès lors qu'elle doit se confronter aux tumultes collectifs, aux contradictions idéologiques, et aux avatars de la vie personnelle.

BSPC : Claire et Prouhèze, Antoine et Camille, Simon et Rodrigue, si le trio de *L'Écharpe rouge* répond bien à celui du *Soulier de satin*, qu'est-ce qui se transmet, et qu'est-ce qui se transforme, des uns aux autres ?

A. B. : C'est l'entrelacs mouvant des relations initiales que je tente de transposer d'un texte à l'autre, plutôt que leur contenu explicite. C'est ainsi que ce qui sépare Rodrigue et Prouhèze porte sur la persistance de l'amour, tandis que la relation de Claire et de Simon relève des liens familiaux. De même, le lien entre Claire et Antoine reste fondamentalement ambigu, mais d'une ambiguïté déplacée au regard du lien matrimonial entre Prouhèze et Camille. J'ai voulu que la différence flagrante du « moteur » idéologique général (catholicisme *versus* communisme) soit en quelque sorte filtrée par des relations dont les structures peuvent être comparées, mais jamais strictement identifiées.

BSPC : Dans sa belle introduction à *L'Incident d'Antioche* (1987), Kenneth Reinhard nous invite à penser que votre tragédie en trois actes « force » *La Ville* de Claudel dont elle est inspirée, cherchant à y découvrir « des matériaux pour de nouvelles possibilités théâtrales et de nouvelles idées politiques ». Pouvez-vous développer cette idée ?

A. B. : Je crois que mon ami Ken, découvrant de façon simultanée la pièce de Claudel et la mienne, a vu dans leur correspondance des choses que je n'y avais pas mises de façon consciente, mais qui s'y trouvaient bel et bien. Il a raison de dire que le passage d'une pièce à l'autre, alors même que je suis, presque ligne à ligne, les versets de Claudel, est moins une imitation qu'un « forçage » : une manière de « forcer » le texte de Claudel à dire autre chose que ce qu'il dit, mais de l'intérieur d'une imitation formelle cohérente. Est-ce vraiment différent, après tout, de la manière dont Corneille ou Racine traitaient les tragédies grecques ou latines ?

BSPC : Dans *Les Citrouilles* (Actes Sud, 1996), Brecht et Claudel, ces deux géants sont mis en compétition. Chacun défend sa conception du théâtre. Le subtil Ahmed se refuse à trancher en faveur de l'un ou de l'autre. Et vous ? Tenez-vous toujours la balance égale ? N'avez-vous pas une préférence secrète ?

A. B. : Commençons par rappeler que l'influence française est considérable dans l'œuvre de Brecht. Rimbaud, évidemment. Mais Brecht savait aussi, et disait, que Claudel était un remarquable dramaturge. L'opposition que je monte entre eux deux dans *Les Citrouilles* est donc dans mon esprit une opposition d'autant plus vigoureuse qu'elle opère entre égaux. Au demeurant, le troisième terme, Pirandello, est aussi considéré, dans ma pièce, comme appartenant aux sommets de l'art de la scène. À partir de là, disons que je suis évidemment, hors scène, dans les combats politiques du moment actuel, plus proche du communiste révolutionnaire Brecht que du catholique conservateur Claudel. Seulement, dans ma théorie des quatre procédures de vérité (science, arts, politique et amour), ces procédures sont fondamentalement indépendantes les unes des autres, si même elles tissent entre elles de nombreux liens. Et si je considère l'art du théâtre au XXe siècle, je ne dirai pas, non, je ne dirai vraiment pas que Brecht est un écrivain de théâtre supérieur à Claudel. Cela n'aurait à vrai dire aucun sens pour moi. Je les prends tous les deux, et Pirandello avec eux !

BSPC : Ahmed « claudélise », qu'est-ce à dire ? Peut-on lui en faire le reproche ? Bref, « claudéliser » est-ce un risque ou une chance ?

A. B. : « Claudéliser » ne saurait être, pour moi, un reproche. Sinon, bien sûr, que toute imitation servile d'un grand auteur est en général stérile. En un sens, de *L'Écharpe rouge* à *L'Incident d'Antioche*, j'ai « claudélisé » plus que n'importe qui au monde ! J'ai couru consciemment le risque de ne pas être à la hauteur de mon modèle initial. Mais je me suis aussi donné la chance de poursuivre, quelque peu solitaire, et de créer du nouveau, dans la voie tout à fait singulière ouverte au théâtre par le grand Claudel.

BSPC : Dans *Le Siècle*, vous écrivez que « à partir d'un certain moment, la société a été hantée par l'idée de changer l'homme, de créer un homme nouveau » (p. 20). Retrouvez-vous là aussi le jeune Claudel ? Pensez-vous encore cela ?

A. B. : Il y a évidemment, notamment dans *Tête d'Or*, une tension épique qui se porte vers la possibilité, via des aventures à échelle du monde entier, de créer un homme nouveau. N'oublions pas cependant que le dernier mot de la pièce est « notre effort, arrivé à sa limite vaine, se défait de lui-même comme un pli ». La conquête matérielle échoue, si la foi vient à manquer. Je pense aussi que l'aventure terrestre ne suffit pas, si l'Idée (pour moi), la Grâce (pour Claudel) n'en soutiennent pas l'universalité. L'humanité est en puissance d'une affirmation d'elle-même située au-delà de ses divisions actuelles, fondées sur l'hégémonie de l'argent et l'enfermement dans des identités nationales, sociales, culturelles, religieuses ou raciales. En ce sens, on peut parler d'un « homme nouveau ». Mais ce n'est pas un modèle tout fait, c'est un processus historique inventif et probablement très long. Il nous faut sortir du modèle de société qui nous domine depuis la révolution néolithique, et qui repose sur trois piliers : la propriété privée des moyens de production, la transmission familiale des richesses via l'héritage, et le pouvoir d'État qui protège et maintient tant la propriété que l'héritage. Ce modèle, qui engendre des classes sociales hiérarchisées, domine l'humanité depuis plusieurs milliers d'années. Si « communisme » désigne la sortie de ce modèle, comme je le pense, cela ne se passera pas en soixante-dix ans (durée de la tentative bolchevique en Russie). Il faut voir les choses à une bien plus grande échelle. Et cela, Claudel le savait, et y a trouvé de quoi fonder la dimension simultanément épique et eschatologique de son théâtre.

BSPC : Vous évoquez aussi beaucoup dans ce texte la « passion du réel » qui vous semble marquer le siècle, le fait que la connaissance soit « l'intuition de la valeur organique des choses », et que ce siècle « tente de réagir contre la profondeur ». Qu'appelez-vous « le réel » et quelle relation entretient-il selon vous avec la « profondeur » ? À quoi renvoie pour vous la « profondeur » ?

A. B. : Le réel, tel qu'il était vu par les révolutionnaires du XXe siècle, est ce qui favorise, dans l'Histoire concrète, sa propre négation, son dépassement. Une conviction générale de l'imminence réelle de la révolution anime les militants de l'époque. L'Idée, telle qu'ils la conçoivent, est lisible à la surface du monde tel qu'il est, et non pas cachée dans ses profondeurs. Il suffit au fond, pour eux, de brusquer un peu une Histoire qui détient en elle-même, très visiblement, la promesse du lendemain communiste. Mais ce sympathique enthousiasme pour la révolution qui vient en quelque sorte toute seule – enthousiasme qui existe encore dans quelques courants gauchistes – s'est avéré finalement erroné. Il faut fouiller les sociétés dans leurs profondeurs, tisser la patience de l'Idée, organiser patiemment les troupes du combat à venir, et se méfier de toute impression superficielle. Pour l'instant, le capitalisme mondialisé maîtrise absolument la situation, et ce n'est qu'avec de longs travaux de sape, intellectuels et pratiques, qu'on pourra entrevoir le chemin qui outrepasse cette domination. Le monde tel quel n'est pas au service de l'Idée. C'est l'Idée communiste, que j'appelle aussi l'hypothèse communiste, répandue, partagée, ramifiée, qui doit s'incarner dans les profondeurs du monde et y creuser le tunnel permettant, pour reprendre une image de Platon, de sortir de la Caverne néolithique, d'en finir irréversiblement avec la triade, à laquelle Engels a consacré un livre mémorable : Propriété privée, famille, État.

ÉTUDE

CLAUDEL ET LA MONDIALISATION

Le mot n'était pas en usage au temps de Claudel, et n'apparaît pas dans ses écrits. Cependant les deux guerres mondiales et l'interaction des phénomènes économiques et politiques, au long du XXe siècle, avaient suffisamment averti l'ambassadeur de l'étroite imbrication des questions internationales et des événements mondiaux. Mais ce sens et ce goût de l'universalité, que la carrière diplomatique allait favoriser, étaient ancrés, si l'on en croit l'auteur, dans un passé lointain. Déjà dans sa jeunesse, affirmait-il, lorsqu'il observait des hauteurs de son village natal « la large vallée qui s'ouvre vers Paris et le couchant », il éprouvait ce « désir de la possession de l'Univers », qu'il se flattait plus tard d'avoir réalisé[1]. Scrutant « l'horizon de l'Ouest », le jeune homme observait passionnément « la trouée vers Paris » qui ouvrait « vers Paris, vers le monde[2] ». C'est là déjà, notait-il, qu'il avait conçu cette « vocation de l'univers[3] » que ses choix professionnels et son imagination poétique allaient favoriser, en lui permettant d'assouvir sa « passion du monde et de l'espace[4] ». Tout en reconnaissant l'intérêt des écrivains voués, comme Giono, Ramuz ou Pourrat, à une « vocation ambiante et immédiate », la « province » à laquelle il avait lui-même été personnellement et professionnellement attaché, rappelait-il, n'était rien moins que « la planète terre[5] ». De *Tête d'Or* au *Livre de Christophe Colomb*, et à travers tous ses écrits littéraires et diplomatiques, apparaît constamment cette aspiration à la totalité, ce goût de l'universel, ce sens de l'étroite imbrication et de la cohésion des événements de l'histoire et des données de la réalité, que la termi-nologie moderne a désigné, dans le domaine économique et politique, sous le nom de mondialisation. « La scène de ce drame est le monde », affirmait l'auteur du *Soulier de satin*[6]. Telle est la vision que Claudel a

1   P. Claudel, *Journal*, Gallimard, 1968, t. I, p. 618.
2   P. Claudel, « Mon pays », *Œuvres en prose*, Gallimard, 1965, p. 1007.
3   *Journal*, t. I, p. 636.
4   *Œuvres en prose*, p. 1301.
5   P. Claudel, « Éloge du Dauphiné », *ibid.*, p. 1334.
6   P. Claudel, *Théâtre*, Gallimard, la Pléiade, 2011, t. II, p. 259.

perçue du réel et qu'il a illustrée dans toute son œuvre, où la notion de mondialisation est sous-jacente ou clairement revendiquée.

Le désir d'échapper aux limites étriquées du milieu matériel, familial et moral où il était né et où il redoutait de demeurer confiné lui a inspiré très tôt l'envie de « quitter [s]on milieu et de courir le monde ». La lecture assidue du *Tour du monde* et des « récits de voyage » alimentait son appétit de découvertes et stimulait son goût des lointains qui constituaient, déclarait-il, « un de [s]es instincts les plus fondamentaux[7] ». Le choix de la carrière consulaire et diplomatique était accordé à cette volonté de « connaître des civilisations lointaines[8] ». Par obligation et par inclination, il sera toute sa vie, écrivait-il dans la présentation de ses *Conversations dans le Loir-et-Cher*, « un virtuose de la longitude », un fervent partisan de « la transformation de la terre entière en un seul jardin[9] ». C'est paradoxalement à l'occasion d'un séjour provincial, dans un château du Loir-et-Cher, que cet éternel voyageur ne peut s'empêcher de formuler son expérience et son idéal d'universalité.

Ce désir de l'ouverture au monde, inhérent aux activités du diplomate, inspire aussi les goûts de Claudel dans les domaines artistiques et littéraires. Sa culture littéraire est extrêmement vaste, étendue aux civilisations occidentales et orientales. Passionnément admirateur de Shakespeare et des dramaturges élisabéthains, mais aussi des tragiques grecs et des classiques latins, de Dante et Dostoïevski, plus tard des poètes et des romanciers anglais, puis des littératures orientales et extrême-orientales, il bénéficie d'une ouverture aux civilisations du monde entier. Il est lui-même ce poète auquel il se référait en 1952 dans son discours au congrès eucharistique de Barcelone, auquel « le monde entier ne [...] paraît pas trop grand pour lui fournir les matériaux de son épopée », et dont les mots d'ordre, « élargissement et unité », valent aussi bien « dans la poésie que dans la politique[10] ». L'un des caractères essentiels des grands poètes, écrivait-il à propos de Dante en recourant à l'un de ses mots favoris, est la « *catholicité* », au sens étymologique du terme, à savoir que « ces poètes précellents ont reçu de Dieu des choses si vastes à exprimer que le monde entier leur est nécessaire pour suffire à leur œuvre », en sorte que « leur création est une image et une vue de la création tout entière[11] ». La représentation d'un chemin dans les

7   P. Claudel, *Mémoires improvisés*, Gallimard, 2001. p. 29-30.
8   P. Claudel, *Supplément aux œuvres complètes*, L'Âge d'homme, 1991, t. II, p. 417.
9   *Œuvres en prose*, p. 667-668.
10   *Supplément aux œuvres complètes*, t. I, p. 270-271.
11   « Introduction à un poème sur Dante », *Œuvres en prose*, p. 423.

tableaux hollandais lui inspire une méditation sur « le vrai chemin », celui
« qui part de n'importe où pour arriver nulle part » et qui a « le charme
incomparable de finir dans l'infini », et dont la contemplation l'amène
à proclamer son « bonheur d'être catholique », à savoir de « communier
avec l'univers[12] ». Dans l'art comme dans la littérature et dans la vie,
le bonheur et l'idéal, selon Claudel, sont associés à l'idée d'universalité.

Dès les premiers drames apparaît une aspiration à l'universel, une
extension du désir vers la totalité. *Tête d'Or*, affirmera l'auteur en 1919, est
« le drame de la possession de la terre[13] ». Le conquérant, dans l'esprit de
Claudel, comme autrefois Alexandre et Bonaparte, obéit secrètement à
un désir d'universalité. L'homme, écrit-il en 1939 à propos de son drame,
éprouve un « droit intime » à ne pas tolérer de « barrière » à son désir,
il détient « ce titre à l'Univers entier que Dieu n'a pas implanté en vain
dans le cœur de l'homme[14] ». Aux hommes enfermés dans l'étroitesse et
la médiocrité de leur condition, il propose audacieusement de « connaître
le monde universel[15] ». Il est significatif que le débat moral et religieux
soit ici figuré par les aspirations d'un conquérant épris de domination
universelle. Il n'est pas moins paradoxal que dans la première version
de *La Jeune Fille Violaine*, une pièce « purement villageoise » et même,
écrivait l'auteur, « régionaliste[16] », le patriarche, Anne Vercors, cède
inopinément, au mépris de la vraisemblance, au désir de quitter sa terre
et les siens pour aller « vers l'énormité de la mer[17] », et dans la seconde
version pour se rendre « en Amérique[18] », où l'auteur effectuait sa première mission à l'étranger. Thomas Pollock, dans *L'Échange*, inspiré par
le premier contact de Claudel avec le milieu des affaires aux États-Unis,
est un financier professionnellement en contact avec toutes les capitales
du monde : « Voilà Chicago ! Voilà Londres ! Voilà Hambourg[19] ! ». La
réflexion de Claudel s'élargit, dans la seconde version de *La Ville*, au-delà
du cadre étroit de la cité, à « l'humanité intégrale » : la ville est « la
forme de l'humanité ». Dans la « cité humaine », élargie aux dimen-
sions de l'univers, « l'homme sera mis avec tous les hommes dans une
relation immédiate », en sorte qu'« à chaque homme sont donnés tous

---

12 « Le chemin dans l'art », *ibid.*, p. 266-267.
13 *Théâtre*, la Pléiade, éd. 1967, t. I, p. 1249.
14 *Ibid.*
15 *Tête d'Or*, 2ᵉ version, *Théâtre*, éd. 2011, t. I, p. 423.
16 *Théâtre*, éd. 1967, t. II, p. 1399.
17 *Théâtre*, éd. 2011, t. I, p. 292.
18 *Ibid.*, p. 751.
19 *Théâtre*, éd. 2011, t. I, p. 545.

les hommes[20] ». Dans l'économie moderne, nul « ne vit plus seul, mais il est en communion avec l'univers entier des choses et des hommes[21] ».

C'est surtout dans *Le Soulier de satin* et *Le Livre de Christophe Colomb* que Claudel a illustré, au théâtre, son goût de l'universalité. Cet idéal est celui du catholicisme, au sens originel, tel que le définit, dans *Le Soulier de satin*, le Vice-Roi de Naples en évoquant la mission de l'Église : « Elle en appelle à l'univers ! Attaquée par les brigands dans un coin, l'Église catholique se défend avec l'univers[22] ! ». La constellation de Saint Jacques est définie comme un « phare entre les deux mondes[23] ». La vocation de Rodrigue est de « faire un monde[24] », au mépris de toutes les conquêtes isolées. S'il s'aventure en Extrême-Orient, c'est parce qu'il est « un homme catholique », œuvrant afin que « toutes les parties de l'humanité soient réunies » en un seul « monde[25] ». Sa mission est d'« élargir la terre » et de réaliser « la belle pomme parfaite[26] ». Ainsi sera accomplie « la grande promesse de Colomb », qui n'était pas de conquérir « un quartier nouveau de l'Univers », mais bien plus ambitieusement de réaliser « la réunion de la terre[27] ». C'est dans ces termes en effet que Claudel, dans *Le Livre de Christophe Colomb*, conçoit la vocation et la secrète ambition du héros : « c'est lui qui a réuni la Terre catholique et en a fait un seul globe au-dessous de la Croix[28] ». Convaincu d'avoir été « envoyé pour réunir la terre », il prétend offrir au Roi « la terre entière[29] ». Ce qu'il s'est promis à lui-même est rien moins que « l'univers[30] ». Christophe Colomb, pour Claudel, selon l'expression qu'il emprunte au livre de Léon Bloy, est « le Révélateur du Globe[31] ». Bien plus que le découvreur de l'Amérique, il était, écrivait l'auteur lors de la création de la pièce en France en 1953, un « orphelin de l'univers », auquel « il ne fallait pas moins qu'un monde d'un pôle à l'autre surgi d'un seul coup de l'abîme pour servir de barrière à [s]on immense désir[32] ». Le personnage historique, ainsi présenté par Claudel, dans son discours de réception à l'Académie

20 *Ibid.*, p. 708.
21 *Ibid.*, p. 703.
22 *Théâtre*, t. II, p. 339.
23 *Ibid.*, p. 341.
24 *Ibid.*, p. 392.
25 *Ibid.*, p. 459.
26 *Ibid.*, p. 505-506.
27 *Ibid.*, p. 414.
28 *Ibid.*, p. 575.
29 *Ibid.*, p. 587.
30 *Ibid.*, p. 614.
31 *Ibid.*, p. 1317.
32 *Ibid.*, p. 1362-1363.

française, comme un esprit qui « ne peut plus se passer de l'intégralité de la sphère[33] », est perçu comme un précurseur de la mondialisation.

Dans l'art des peintres et des musiciens, Claudel est aussi tenté de percevoir un sens de l'universel. Les fresques et les tableaux de José Maria Sert lui semblent exprimer non plus « l'Espagne seulement », mais « la Catholicité tout entière », « en son sens à la fois religieux et universel[34] ». Dans les symphonies de Beethoven, il croit entendre « une mise en question de l'univers entier[35] », et c'est aussi « l'univers entier » qui lui paraît l'« auditoire » accordé à l'art d'un Berlioz[36].

La profession de Claudel, ses activités de consul puis d'ambassadeur, la « double vocation d'économiste et d'écrivain[37] » qu'il se reconnaissait, l'amenaient enfin à concevoir et à servir, dans les domaines économiques et politiques, un idéal d'entente et de coopération internationales, accordées à la mondialisation des échanges et des relations entre les nations. Spécialiste averti de l'économie, il a toujours été attentif, dans la question de relations commerciales, à l'aspect international des échanges. Dès son travail d'étudiant sur l'impôt sur le thé en Angleterre, il mettait l'accent sur la dimension et l'extension internationales de ce commerce entre l'Inde et le Royaume-Uni. Consul en Chine, il collaborera avec Émile Francqui au projet de « chemin de fer de Hankéou à Pékin[38] », puis, plus tard, lors de sa mission en Italie, à la ligne du « 45e parallèle[39] », unissant Bordeaux à Constantinople. La Première Guerre mondiale avait déjà démontré l'entrelacement des puissances et des intérêts d'ordre économique et stratégique. La France, estimait Claudel, au cours de la guerre de 1914, avait alors « combattu pour le monde entier[40] ». Il louait son ami Philippe Berthelot, secrétaire général du Quai d'Orsay, de s'être « intéressé à l'univers » et d'avoir œuvré en faveur « des rapports de la France avec l'univers[41] ». Le pacte Briand-Kellogg, auquel il avait participé en 1928, était né, selon les mots du président Hoover repris par Claudel, « des aspirations et des cœurs des hommes et des femmes du monde entier[42] ». Dans son « adieu à l'Amérique », en 1930, il se félicitait

---

33 *Œuvres en prose*, p. 644.
34 *Ibid.*, p. 291-292.
35 *Ibid.*, p. 363.
36 *Ibid.*, p. 373.
37 *Ibid.*, p. 71.
38 *Cahiers Paul Claudel 4, Claudel diplomate*, Gallimard, 1962, p. 131.
39 *Ibid.*, p. 151.
40 *Supplément aux œuvres complètes*, t. I, p. 298.
41 *Œuvres en prose*, p. 1275-1276.
42 *Supplément aux œuvres complètes*, t. I, p. 127.

de cet accord qui lui semblait instaurer pour « l'humanité tout entière »
un « idéal nouveau » opposant aux « néfastes solutions de la guerre »
un recours fondé sur « l'opinion du monde, la conscience du monde[43] ».
Dans la civilisation moderne où « il n'y a plus de guerres nationales » et
où « toutes les guerres entraînent des conséquences internationales », le
pacte initié par Briand et Kellogg lui semblait répondre à « un besoin
fondamental de l'humanité tout entière[44] ».

La Seconde Guerre mondiale et l'extension du conflit ont encore
accru la « communication », sinon la « communion » entre « les divers
groupes de l'humanité » : « d'une extrémité à l'autre de la planète, on s'est
aperçu les uns des autres[45] ». Le développement des moyens de transport
accroît les communications et fortifie les liens entre les hommes et les
nations : désormais « leur champ est le monde[46] ». L'avion, « messager
de l'univers[47] », fait fi des frontières. Dans un monde, écrivait Claudel
à propos de *Vents* de Saint-John Perse, où « il n'y a plus aujourd'hui
d'économies fermées ou de civilisations fermées », l'homme est contraint
de « s'habituer à l'univers, de penser en fonction de l'ensemble[48] ». La
terre habitée, l'antique « Œcumène », est le bien de « la communauté
humaine tout entière ». Désormais « entre les différentes parties de
l'humanité, il y a forcément un pacte naturel, un lien », ou, au sens
étymologique, une « *religion*[49] ».

Aussi Claudel a-t-il toujours été favorable à la constitution d'une
unité européenne, où il voyait un gage et un modèle de paix et d'union
universelle. Sous la « marqueterie embrouillée » fabriquée par le traité de
Versailles, écrivait-il en 1936, « il y a une Europe », « un même héritage
de croyances, d'idéals et de culture », « une histoire vécue en commun »,
« un drame collectif », une connivence et une communication « des
cœurs et des esprits où chacun sent qu'il a à la fois peur et besoin de
tout le monde ». De cet « état général des esprits », de « cette Europe
aux vingt membres dispersés qui essayent douloureusement, à la fois
avec dégoût, avec défiance, avec maladresse mais aussi avec la conscience
obscure d'une nécessité pressante et d'un devoir profond de constituer
un ensemble organique », il lui semblait que la Ligue des Nations, avec

---

43 *Cahiers Paul Claudel 4*, p. 217.
44 *Supplément aux œuvres complètes*, t. I, p. 254.
45 *Ibid.*, p. 253.
46 *Œuvres en prose*, p. 1304.
47 *Ibid.*, p. 1299.
48 *Ibid.*, p. 626.
49 *Ibid.*, p. 1318.

ses maladresses et ses impuissances, était « l'expression incohérente, pathétique, ridicule » et cependant « indispensable[50] ». En 1940, face à l'agression de l'Allemagne, il plaidait pour l'instauration d'un « nouveau *Commonwealth* » qui superposât à chaque État « une organisation collective, économique, financière, monétaire et surtout *juridique* », apte à faire prévaloir sur les intérêts nationaux une « conscience européenne[51] ». L'Europe, affirmait-il 1947, après les sanglants affrontements des deux conflits mondiaux, a pour mission de « servir d'organe à la réunion de l'humanité tout entière », en contribuant à l'instauration d'une « catholicité future[52] », au sens étymologique du terme. Il était en conséquence hostile à tous les aspects du nationalisme, économique ou politique, au repliement sur soi de « nations ermites[53] », au « messianisme nationaliste[54] » dont le Japon, l'Allemagne et l'Italie de l'entre-deux-guerres avaient offert le funeste exemple. Au « nationalisme étroit, jaloux et hargneux » qui sévissait en Europe au lendemain du premier conflit mondial et qui avait instauré une « dure mosaïque de petits États l'un à l'autre impénétrables », il opposait l'idéal d'une « confédération de peuples », dont l'Empire austro-hongrois, constitué d'une « congrégation de peuples » associés en « une espèce de miracle fédéral et musical », lui semblait avoir été l'heureux modèle[55]. Tout en s'affirmant « profondément patriote », il n'en était pas moins convaincu que « l'amour idolâtre de la patrie constitue un véritable crime contre la pensée humaine », et se proclamait, en tant que catholique, « adversaire du fanatisme nationaliste », auquel il opposait l'idéal, autrefois conçu déjà par Victor Hugo, des « États-Unis d'Europe[56] ». Dès 1929, il se félicitait que dans la suite et l'esprit des « États-Unis d'Amérique » instaurés par La Fayette ait succédé la notion des « États-Unis d'Europe[57] ».

Ambassadeur de France au Japon, puis aux États-Unis, Claudel ne cessa d'insister sur les liens réciproques associant désormais toutes les nations. Le malheur de la France, affirmait-il à Tokyo le 20 décembre 1921, a « ébranlé le genre humain », si bien que désormais chaque peuple est convaincu qu'« il ne peut plus trouver de sécurité dans son égoïsme

---

50 *Ibid.*, p. 1310-1311.
51 *Cahiers Paul Claudel 4*, p. 286.
52 *Œuvres en prose*, p. 1381.
53 *Ibid.* p. 1297.
54 *Ibid.*, p. 1372.
55 *Ibid.*, p. 1085, p. 1088.
56 *Supplément aux œuvres complètes*, t. II, p. 123 et t. III, p. 84.
57 *Cahiers Paul Claudel 4*, p. 211.

d'autrefois », qu'« il lui faut désormais regarder au-delà de ses frontières » et que « sa sécurité et sa prospérité ne dépendent pas de lui seul, mais de la terre tout entière[58] ». Et ces liens ne se limitent pas au domaine économique et politique. Dans le grand « marché » des valeurs et des idées qui se tient à Paris, poursuivait-il, le Japon est convié à participer à ce « rendez-vous de l'humanité tout entière[59] ». Dans les temps modernes, affirmait-il encore en insistant sur la primauté de la langue française dans les débats internationaux, il est opportun de joindre à sa « culture nationale » une « formation internationale », car, expliquait-il, « chaque pays est amené aujourd'hui à se rendre compte qu'il ne vit pas isolé », mais qu'« il fait partie d'un vaste ensemble[60] ». Plus tard, ambassadeur de France aux États-Unis, il eut maintes occasions de se féliciter des accords internationaux, comme le pacte Briand-Kellogg qui proclamait solennellement en 1928, la « mise hors-la-loi de la guerre ». Dans le contexte de « la vie économique moderne », affirmait-il en effet, « la guerre n'était plus un duel », mais les querelles entre deux nations « impliquaient le monde entier[61] ». L'intervention des États-Unis dans la Première Guerre mondiale lui avait créé, pensait-il, « un devoir à l'égard du monde » : « le monde ne peut plus se passer de l'Amérique[62] ». Dès lors l'amitié entre la France et l'Amérique, insistait-il, est « le modèle du lien qui doit unir toutes les nations du monde[63] ».

Ce désir d'unité est fondé sur un idéal qui ne se borne assurément pas aux relations ponctuelles entre la France et les États-Unis, et ne tient pas seulement aux circonstances historiques.

C'est certes au moment des tensions provoquées par l'expansionnisme allemand que Claudel, au mois d'avril 1940, affirmait que « nous avons besoin de réunir le monde » et rappelait la devise des nations occidentales : « *aperire terram gentibus*[64] ». Au lendemain de la victoire, au mois de mai 1945, il estimait que le conflit mondial avait constitué « une étape décisive dans l'entreprise d'unification de l'humanité[65] ». L'Allemagne, affirmait-il, qui, « à sa manière criminelle et abominable », avait tenté de « faire

---

58 P. Claudel, *Correspondance diplomatique. Tokyo (1921-1927)*, Les Cahiers de la *nrf*, Gallimard, 1995, p. 95.
59 *Ibid.*, p. 97.
60 *Ibid.*, p. 142.
61 P. Claudel, *Œuvres diplomatiques. Ambassadeur aux États-Unis*, L'Âge d'Homme, 1994, p. 169.
62 *Ibid.*, p. 277.
63 *Ibid.*, p. 244.
64 *Cahiers Paul Claudel 4*, p. 288-289.
65 *Ibid.*, p. 290.

l'unité de l'Europe », avait du moins réussi à manifester « l'homogénéité de l'humanité œcuménique », en conformité avec l'antique adage : « *Nemo impune contra urbem*[66] ». C'est cette « Œcumène », au sens premier de « terre habitée », de « communauté humaine tout entière[67] », à laquelle les conflits mondiaux ont conféré son sens et sa validité. Tandis que le monde ancien dans lequel il était né, déclarait Claudel dans ses *Mémoires improvisés*, était constitué de « petits compartiments, nettement séparés », les temps modernes ont contribué, au prix de « grandes catastrophes », à « un travail d'unité dans le monde », de « réunion de l'humanité », de solidarité entre « toutes les parties de l'humanité[68] ».

Cet idéal de l'accord entre les nations, ce sens de l'interdépendance entre les peuples et de la solidarité de leurs intérêts matériels, économiques, intellectuels et politiques, ont pour fondement dans la pensée de Claudel le sentiment de la fondamentale unité du monde. Sa conception des relations entre les nations ne repose pas seulement sur des considérations concrètes imposées par la réalité, mais elle est aussi souvent fondée sur une vision du monde elle-même inspirée par des réflexions philosophiques et des convictions religieuses. La mondialisation, telle qu'il la perçoit, n'est pas seulement une nécessité imposée par le développement des relations de tous ordres entre les nations, elle est une réalité conforme à sa vision poétique et mystique du monde. « J'ai le goût des choses qui existent ensemble », affirmait un des interlocuteurs des *Conversations dans le Loir-et-Cher*[69]. Claudel, comme son personnage, est un « explicateur du monde », attaché à « connaître la terre » afin de découvrir « la clef de l'ensemble[70] ». L'accroissement des « moyens matériels mis à la disposition de l'Humanité », notait-il, permet aujourd'hui de percevoir et de posséder la totalité de la terre : « le monde tout entier a été mis entre nos mains[71] ». Le développement des moyens de transport favorise une connaissance étendue et permet une vision globale : « L'auto nous a donné la possession de la terre, l'avion donne la domination de la planète[72] ». Comme les héros du *Soulier de satin* et du *Livre de Christophe Colomb*, les personnages des *Conversations dans le Loir-et-Cher* rêvent à un élargissement du monde : « las de tous

---

66   *Ibid.*, p. 293.
67   *Ibid.*, p. 318.
68   *Mémoires improvisés*, p. 345-346.
69   *Œuvres en prose*, p. 738.
70   *Ibid.*, p. 799-801.
71   *Ibid.*, p. 810.
72   *Ibid.*, p. 781.

ces murs, de toutes ces grilles et de tous ces barrages », ils aspirent à un
« mariage de l'Homme et de l'Univers[73] ». Pour « réunir l'Humanité »,
affirment-ils au nom de l'auteur, il faut « achever le monde », « organiser
toute la terre comme un temple unique » et la faire « communiquer
dans toutes ses parties » par « l'entrecroisement de ces chemins droits et
obliques qui la réunissent du Sud au Nord et du Levant au Ponant[74] »,
par toutes les voies terrestres, maritimes et aériennes. Reprenant les
termes et l'idée de l'*Art poétique*, ils aspirent à restaurer et à redécouvrir
« l'Univers, la version à l'unique, l'ensemble de la création[75] ».

Il est clair que c'est ici Claudel qui, par le truchement de ses personnages, expose avec passion sa conception de l'unité du monde.
Les interlocuteurs des *Conversations dans le Loir-et-Cher* ne sont que
les porte-parole de l'auteur dialoguant avec lui-même et développant
ses idées sur la société en relation avec ses convictions philosophiques
et religieuses. La notion de mondialisation économique et politique,
appuyée sur son expérience de consul et d'ambassadeur, est sous-ten-
due, confortée et transcendée par sa vision poétique et mystique du
monde. L'internationalisation des échanges et des relations, qui est une
réalité qui s'impose au diplomate, est pour le poète et le croyant une
manifestation de l'unité de la terre et de l'univers. L'idée de catholicité, au sens étymologique du terme, est pour Claudel associée à l'idéal
d'universalité. Pour confirmer l'idée d'unité du monde, il convoque à
la fois l'Écriture et la sagesse des nations. Pour conforter sa conception
de l'universalité, Claudel ne cesse de se référer au mot de la Sagesse
dans L'Ecclésiastique : « *creavit cuncta simul* », « Dieu a créé toutes choses
en même temps[76] ». La simultanéité de la création va de pair avec son
homogénéité. L'unité du monde, aux yeux de Claudel, est fondée sur
l'unité de sa conception. « L'Univers » est entendu, selon l'étymologie,
comme une « version à l'unique[77] » ou, selon l'expression qui figurait
déjà dans l'*Art poétique*, « version à l'unité[78] ». Il s'ensuit, dans l'ordre

---

73   *Ibid.*, p. 819.
74   *Ibid.*, p. 796-797.
75   *Ibid.*, p. 812.
76   *Ibid.*, p. 428. – Nombreuses mentions dans les écrits bibliques : *Les Aventures de Sophie*,
      Œuvres complètes, Gallimard, t. XIX, p. 365 ; *Un poète regarde la croix, ibid.*, p. 365 ; *Présence
      et prophétie*, t. XX, p. 403, p. 420 ; *J'aime la Bible*, t. XXI, p. 410 ; *Le Cantique des cantiques*,
      t. XXII, p. 113 ; *Emmaüs*, t. XXIII, p. 422, etc. Voir le recensement établi par Maryse
      Bazaud dans *La Bible de Claudel*, Annales littéraires de l'Université de Franche-Comté,
      2000, t. I, p. 355-356.
77   *Œuvres en prose*, p. 812.
78   P. Claudel, *Œuvre poétique*, la Pléiade, Gallimard, 1967, p. 185.

historique et temporel, qu'« entre les différentes tribus de l'humanité »,
« entre les divers peuples » et les « diverses civilisations », il existe aux
yeux de Claudel « un contact psychologique plus ou moins avoué », « un
commerce plus ou moins actif », comme un lien « intrapsychique », ins-
taurant une « certaine unité[79] ». Aussi Claudel citait-il volontiers l'adage
où il voyait l'expression d'une sagesse à la fois politique et morale et
la formulation d'une règle applicable aux relations entre les nations :
« *Nemo impune contra urbem* », qu'il traduit en lui conférant une extension
générale : « Personne n'a raison contre l'Univers[80] ». Politique et morale
ici se rejoignent et s'appuient pour définir une règle universelle.

Cette vision d'un monde unique et complet, solidaire en toutes
ses parties, apparaissait déjà dans les écrits poétiques de Claudel. Le
« Promeneur » de *Connaissance de l'Est* perçoit la nature et l'univers
comme « une symphonie » où « toutes choses existent dans un certain accord ». Le poète, initié à « l'harmonie du monde », est attentif
à en percevoir « la mélodie[81] ». Le poète de *L'Esprit et l'Eau* célébrait
le « monde maintenant total », cet « immense octave de la Création »,
ce « Credo entier des choses visibles et invisibles » auquel il adhérait
« d'un cœur catholique[82] ». C'est aussi « le monde entier » que la Muse
demande au poète, qui sait qu'il n'est pas lui-même « tout entier » s'il
n'est pas « entier avec ce monde qui [l]entoure[83] ». Le poète, à l'appel
de la Muse, a le « désir d'être le rassembleur de la terre de Dieu », sem-
blable à Christophe Colomb auquel il attribue, comme il le fera plus
tard dans le drame du *Livre de Christophe Colomb,* non pas seulement le
désir de « trouver une terre nouvelle », mais la « passion de la limite et
de la sphère ». C'est à cet idéal de totalité que le poète aspire. Comme
autrefois le découvreur de l'Amérique, il désire être « le rassembleur
de la terre de Dieu[84] ».

Le diplomate, le poète et le croyant, en Claudel, sont donc également
convaincus de la profonde unité du monde. La notion de mondialisation,
dans sa dimension économique et politique, est inhérente à sa réflexion
et à son œuvre. À une époque où le *commerce*, au sens étymologique
et général du terme, était en voie de devenir dans tous les domaines
une réalité universelle, Claudel en avait perçu toutes les implications

79 *Œuvres en prose*, p. 1036-1037.
80 *Supplément aux œuvres complètes*, t. I, p. 240.
81 *Œuvre poétique*, p. 84-85.
82 *Ibid.*, p. 240.
83 *Ibid.*, p. 274.
84 *Ibid.*, p. 281.

matérielles et morales. Si le mot de *mondialisation* n'était pas encore entré
dans le vocabulaire usuel à son époque, il en avait, en son temps, constaté
tous les effets. Loin d'en redouter les conséquences, il en approuvait les
avantages et les vertus. Ainsi Claudel, dans ses réflexions politiques
et ses créations littéraires, a constamment plaidé en faveur de cette
« réunion de l'humanité » que l'on désigne aujourd'hui sous le nom de
mondialisation, et dont il reconnaissait l'expression dans « la formule
superbe de Bacon » :

> *Mundum universum connubio conjugam stabili*[85].

Michel Lioure

ÉLÉMENTS DE BIBLIOGRAPHIE

Flood, Christopher, *Pensée politique et imagination historique dans l'œuvre de
    Paul Claudel*, Annales littéraires de l'Université de Besançon, n° 437, Les
    Belles Lettres, 1991. Bibliographie p. 337-377. Index.
Claudel politique, Actes du colloque international de l'Université de Franche-
    Comté, 2003, préface de Jacques Julliard. Aréopage, 2009.
Claudel résolument contemporain, Actes du colloque international tenu à la
    Sorbonne au mois de septembre 2018 (voir notamment la communication
    du professeur Pierre Brunel portant sur le sujet de la mondialisation).
    À paraître.

---

85 *Œuvres en prose*, p. 1381.

NOTES

NOTES

CLAUDEL RÉÉCOUTÉ PAR LE PROJET « ECHO »

Une œuvre fondatrice de l'auralité théâtrale moderne

Que le projet ECHO[1] se soit intéressé à Paul Claudel n'a rien de surprenant. Prolongeant un programme de recherche international (« Le son du théâtre, XIXᵉ-XXIᵉ siècles ») né du constat selon lequel l'approche par les études théâtrales de la scène occidentale, pourtant dès ses débuts vocale, musicale, acoustique, n'avait pas échappé au phénomène de survalorisation du visuel, ECHO effectuait par rapport à ce premier chantier un triple recentrage : sur la France, sur la seconde moitié du XXᵉ siècle, et sur la voix parlée. Il s'agissait d'aborder résolument le théâtre comme un espace organisé par et pour la voix parlée, définition qui était celle des acousticiens modernes du lieu théâtral (fin XIXᵉ-début XXᵉ), et le faire sur une période pour laquelle une telle définition pouvait sembler dépassée : les technologies (du microphone au haut-parleur) avaient transformé la dimension sonore globale des spectacles et surtout le rapport au texte, le rapport au verbal, le rapport à la langue avaient connu des bouleversements majeurs pendant que le visuel non verbal gagnait en puissance jusqu'à paraître fonder l'art du théâtre lui-même aux yeux de ses théoriciens. Faisant l'hypothèse que, dans le domaine vital du langage, bouleversement ne signifiait pas disparition, l'équipe a cherché à percevoir, en particulier par l'écoute de nombreux documents sonores, comment les artistes et les techniciens de l'après Seconde Guerre mondiale avaient pu renouveler les conditions et les formes de la parole scénique et de son écoute. Qui connaît, même partiellement, la recherche claudélienne sur la diction et son impact sur le travail théâtral du XXᵉ siècle comprend que celle-ci ne pouvait être ignorée d'une telle exploration. Nous évoquerons brièvement cet aspect majeur, mais en quelque sorte naturel, de la présence de Claudel

---

1   Projet financé par l'ANR [ANR-13-CULT-0004]. Partenaires : THALIM (équipe ARIAS), porteur du projet, la BnF (département des Arts du spectacle), le LIMSI-CNRS (groupe Audio & Acoustique). Partenaires internationaux : CRIalt (Montréal), Universiteit van Amsterdam (Theaterwetenschap). Durée : 2014-2018. Voir le site du projet : https://echo-projet.limsi.fr/doku.php (consulté le 11/10/2019)

dans les productions d'ECHO – nous avions dès le démarrage du projet sollicité un spécialiste[2] –, pour consacrer l'essentiel de cette note à la façon dont notre travail collectif, et en particulier l'élaboration, à partir de 2017, du site pédagogique multimédia « Entendre le théâtre[3] », a en quelque sorte recontextualisé en termes de culture aurale[4] d'autres aspects connus de l'œuvre claudélienne, déplaçant ainsi légèrement, mais significativement, notre perception de cette œuvre – ainsi que celle de l'histoire dans laquelle elle s'inscrit –, et ceci involontairement, par le simple effet de la juxtaposition des diverses séquences élaborées par les chercheurs de l'équipe.

LA DICTION CLAUDÉLIENNE ET SON PAYSAGE SONORE

Le site « Entendre le théâtre » s'organise en quatre parcours. La quatrième séquence du parcours 2, intitulé « La scène parle et chante », est entièrement dédiée à « la diction claudélienne », que Pascal Lécroart a choisi d'éclairer par l'exemple du *Soulier de satin*, objet de réalisations scéniques et radiophoniques importantes pour lesquelles il disposait d'enregistrements audio. L'écoute de plusieurs séries d'extraits de ces enregistrements, correspondant selon les cas à cinq ou six mises en scène (ou en ondes), permet de suivre comment les principes et conseils de l'auteur ont été réinterprétés par les générations d'artistes. La séquence fait aussi découvrir les ensembles vocaux constitués par les différents

---

2   Pascal Lécroart. Voir sa contribution à la seconde livraison de la revue numérique *RSL* réalisée par ECHO, *L'Écho du théâtre 2. La scène parle* : « "Langage insolite" ou "langage naturel" : Jean-Louis Barrault et Antoine Vitez face au verset claudélien » https://journals. openedition.org/rsl/2411 (consulté le 11/10/2019)

3   L'intitulé complet est le suivant : « Entendre le théâtre. Expériences d'écoutes (seconde moitié du XXe siècle) ». Ce dossier pédagogique multimédia – principalement auditif – sera en ligne en automne 2019 sur le site de la BnF, rubrique « Classes ». Les documents sonores évoqués dans cette note pourront y être écoutés.

4   Le terme « auralité » (« aurality »), du latin « auris » (oreille), fait partie des néologismes qu'ont produits les *Sound Studies* pour mieux approcher les phénomènes du son et de l'écoute. Il comble un vide lexical entre l'ouïe (couvrant l'ensemble de la perception auditive) et l'écoute (désignant une perception culturellement structurée et volontaire) en permettant de nommer une expérience auditive à la fois involontaire (on entend sans écouter) et culturellement structurée (par un ensemble de codes liés à l'époque, au lieu, au milieu, etc.) Une œuvre théâtrale, qui s'inscrit nécessairement dans une certaine culture aurale, peut contribuer à la transformer.

metteurs en scène, Jean-Louis Barrault au premier chef, et les modes de construction et de composition sonore du spectacle, de 1942, date de la création (radiophonique) de la pièce, à 2009, année de la mise en scène d'Olivier Py. Exceptionnellement ample, à l'instar de la pièce dont elle propose une longue audition kaléidoscopique, cette séquence fait comprendre directement, par l'oreille, que la force de proposition ou de provocation de Claudel engage bien d'autres champs de la culture aurale du théâtre que la « diction » proprement dite : le recours à l'art du boniment, l'emprunt aux parlers populaires ou étrangers, l'usage drama-turgique de la musique et du chant, l'orchestration vocale, l'exploitation de sons médiatisés ou acousmatiques. Autant d'expériences auditives qui allaient entrer en relation avec celles proposées par d'autres chercheurs, dans d'autres séquences et d'autres parcours.

CLAUDEL/ARTAUD

Avant d'évoquer ces connexions, qui contribuent à inscrire l'œuvre de Claudel dans des processus de long terme complexes et interarts, il convient de s'arrêter sur l'effet de résonance qui a sans doute été le plus puissant, né de la contiguïté de la séquence claudélienne que nous venons d'évoquer avec celle élaborée par Cristina De Simone sur la « poésie en action » telle qu'elle s'était développée à Paris après la guerre dans le sillage des ultimes performances d'Artaud[5]. Le rapprochement fortuit – en tous les cas non réfléchi –, dans la structure du site, des noms d'Artaud et de Claudel ne pouvait pas ne pas produire d'effet électrique. Malgré les présences conciliatrices, çà et là, de quelques figures de passeurs (Barrault, Cuny ou Casarès), il rappelait brutalement que l'univers théâtral évoqué était travaillé par de puissantes forces aussi conflictuelles qu'apparentées, prenant la forme de grandes explorations de l'oralité[6]. Si la redéfinition du théâtre comme lieu acoustique et auditif, structurellement vocal et verbal, a permis de penser l'existence d'un

---

5   Cristina De Simone a soutenu en 2016 une thèse intitulée : « Proféractions ! La poésie en action à Paris (1946-1969) », publiée sous ce titre en 2018 aux Presses du réel.

6   « L'un ne va pas sans l'autre », écrivait Sollers dans un dossier d'*Art Press* consacré à Claudel en 1983, au beau milieu de la période étudiée par nous. La proximité avec Artaud dont il est question se situe au-delà des similitudes théâtrales observées par exemple par Yehouda Moraly, *Paul Claudel metteur en scène*, Presses universitaires franc-comtoises, 1998.

lien étroit entre l'art théâtral et la poésie performée jusque-là étudiée dans un espace à part, plutôt littéraire, l'affirmation concrète de ce lien dans le site a pour effet de jeter une lumière nouvelle sur l'existence à la même période d'autres interactions entre théâtre et poésie, dont l'œuvre de Claudel constituait un grand exemple. Ce qui apparaît est une reprise par la génération de l'après-guerre de recherches fondamentales sur la parole entamées dans les années vingt et trente, le langage dramatique ou poétique traditionnel étant perçu comme définitivement épuisé.

JEUX DE VOIX. EXTENSION DES FORMES SCÉNIQUES

À partir de ce constat, plusieurs réseaux se dessinent, traversant les quatre parcours du site, certaines séquences comportant explicitement des références à Claudel, d'autres suggérant son œuvre à ceux qui la connaissent. Le premier parcours, dédié au lieu théâtral et à son acoustique, comporte ainsi une séquence intitulée « Chaillot tout bruissant de voix », conçue par Brigitte Joinnault, spécialiste d'Antoine Vitez, un metteur en scène qui était aussi poète et traducteur de poésie. Centrée sur les deux premières saisons de sa direction du Théâtre national de Chaillot, elle permet d'écouter des extraits des nombreuses « petites formes » à forte dimension orale et vocale (contes, poèmes, marionnettes), installées dans des zones de passage qui n'étaient pas destinées à accueillir des spectacles. Ce bruissement très libre de voix parlées, chantées ou musicalisées se retrouvera dans *Le Soulier de satin* monté par Vitez quelques années plus tard, spectacle dont le visiteur du site peut entendre un extrait dans la séquence du même parcours intitulée « En salle ou à ciel ouvert », consacrée à une autre forme de sortie des lieux de spectacles classiques caractéristique de la période. Pascal Lécroart y compare le même moment de dialogue (entre Prouhèze et l'Ange gardien) vécu dans un théâtre clos et dans la Cour d'honneur d'Avignon, lors de la désormais légendaire échappée de la pièce non seulement hors de l'espace usuel et de son acoustique (geste initié par Vilar), mais aussi hors de l'horaire usuel, un double déplacement appelé par le texte hors norme, narratif et évocateur de Claudel.

L'ÉTRANGETÉ DE TOUTE LANGUE

Un autre réseau se constitue à partir d'autres expériences d'écoute proposées dans la séquence sur la diction claudélienne, dont celle consistant à entendre la voix de Claudel lui-même : il parle de la musique du français parlé et de la prononciation qui tend à s'appauvrir du fait du rabotage des spécificités régionales, particulièrement au théâtre. Ce qui est dit là et la façon dont Claudel le dit trouve des échos dans deux séquences différentes du parcours 3, « D'autres français sur scène », qui traite de la relation du théâtre français aux accents non académiques (régionaux, populaires, étrangers), dans une période marquée par la centralisation hexagonale, la décolonisation et la mondialisation. Le premier écho est direct : la séquence intitulée « Antoine Vitez, l'étrangeté de la Langue », invite le visiteur à percevoir comment les acteurs, chanteurs, conteurs et liseurs déjà évoqués devaient faire *entendre la langue*, c'est-à-dire, pour Antoine Vitez, la faire percevoir *dans son étrangeté*, qu'il s'agisse du français, de la traduction en français d'un texte écrit dans une autre langue, ou d'une de ces autres langues dites « étrangères » audibles dans les spectacles, les soirées poétiques, les concerts. L'autre écho est plus indirect, mais non moins vibrant : dans la séquence intitulée « Voix d'Afrique et d'Outre-Mer, d'ici et d'ailleurs. Une histoire de rôles et d'imaginaires », Sylvie Chalaye montre comment les artistes afro-descendants peuvent prendre à contre-pied la double valeur de l'« accent » : facteur d'identification et composante musicale et elle évoque en particulier le *Roi Christophe* de Césaire[7].

L'AUTRE INTERMÉDIALITÉ CLAUDÉLIENNE

C'est une tout autre constellation de documents sonores qui s'organise à partir de l'archive la plus ancienne de la séquence claudélienne, celle

---

7   Sur les relations entre l'œuvre de Césaire et celle de Claudel, voir Pierre Laforgue, « Césaire et Claudel, une cantate à deux voix », *Bulletin de la Société Paul Claudel*, n° 205. Brigitte Joinnault évoque pour sa part l'alternance organisée par Vitez à Chaillot entre *Le Soulier de satin* et *Anacaona* de Metellus. Voir sa contribution à *L'Écho du théâtre 2. La scène parle*, *op. cit.* : « Vitez entre les langues. De *Phèdre* (1975) à *Anacaona* (1988) ». https://journals. openedition.org/rsl/2547 (consulté le 11/10/2019)

du premier *Soulier*, une quasi intégrale retravaillée, enregistrée et diffusée par la Radio Nationale en 1942. Ce Claudel d'emblée radiophonique, et non radiophoné, on peut le retrouver, cette fois-ci dans une production à laquelle l'auteur a contribué, dans le parcours 4 : « Le théâtre médiatisé. Radio, disques et cassettes ». Marion Chénetier-Alev, qui a élaboré la séquence consacrée au « théâtre à la radio[8] », a choisi de faire entendre l'extrait du *Christophe Colomb* sélectionné par Pierre Schaeffer pour illustrer la section consacrée à la mise en ondes dans ses *Dix ans d'essais radiophoniques (1942-1952)*. Le même Pierre Schaeffer à qui l'on doit de pouvoir écouter le témoignage de Claudel évoqué plus haut, qui avait voulu travailler avec Copeau et qui, parmi les premiers, avait pris la mesure de la façon dont la radio allait bousculer le théâtre. Claudel en tirerait des leçons pour sa propre création, inscrivant son théâtre dans une intermédialité organisée autour de l'axe du son – comme Pagnol, mais sur un registre extrêmement différent, entre poésie, musique, théâtre, formes mixtes et théorie esthétique.

Ce que révèle un premier inventaire rapide de la discographie claudélienne[9]. Celle-ci comporte d'abord (dans les années trente et quarante) des œuvres où la musique joue un rôle majeur (enregistrées dans leur intégralité. Beaucoup d'autres suivront), puis, toujours en 78 tours, des extraits courts d'œuvres dramatiques enregistrés en studio, qui seront ensuite tressés avec des enregistrements de la voix de Claudel lui-même ou de textes de prose dits par des comédiens, comme dans le 25 cm LP *Paul Claudel vous parle* (Festival, collection « Leur œuvre et leur voix ») trois fois réédité entre 1951 et 1958, sans compter la version destinée au monde anglophone. Les productions ultérieures au décès de Claudel, survenu au début de la période qui a vu le rapide développement du

---

8   Voir ses contributions à *L'Écho du théâtre 1. Dynamiques et construction de la mémoire phonique (XXᵉ-XXIᵉ siècles)* : « Esquisse d'une cartographie des dictions françaises, 1890-1965 : ruptures manifestes et filiations souterraines » https://journals.openedition.org/rsl/1144 (consulté le 11/10/2019) et à *L'Écho du théâtre 2. La scène parle, op. cit.* : « Les archives radiophoniques du théâtre. Du théâtre pour les aveugles à un théâtre de sourds ? » https://journals.openedition.org/rsl/1843 (consulté le 11/10/2019)

9   Il semble que tout reste à faire en ce domaine. La séquence du site consacrée aux disques de théâtre, « Des vinyles aux CD. Les vies phonographiques du théâtre », dont j'ai assumé la responsabilité, a pour première fonction de faire sortir d'un oubli quasi total ce qui a constitué, durant l'âge d'or du microsillon, un phénomène social, culturel et esthétique important. Elle ne comporte aucune allusion à la discographie claudélienne. J'ai pris d'autres exemples, ignorant alors la quantité et l'intérêt des éditions réalisées sous différents labels, qu'il s'agisse de celles auxquelles Claudel a collaboré ou de celles qui ont été conçues après sa mort. La liste établie par la BnF et reproduite sur le site de la Société Paul Claudel m'a aidée à en établir un premier inventaire, encore lacunaire.

microsillon de théâtre, se caractérisent par l'absence d'intégrales – si l'on excepte *L'Otage* édité en stéréophonie par André Charlin en 1964 et la lecture de *Partage de midi* par Alain Cuny (Société Paul Claudel / ORTF, 1971) –, l'abondance des montages d'extraits de pièces rapidement traitées comme des classiques (*Partage de midi* dans « Les pages qu'il faut connaître » de l'Encyclopédie sonore), le mélange fréquent des œuvres poétiques et des œuvres dramatiques, la présence, elle aussi fréquente, de Claudel lecteur ou commentateur avant ou après les extraits d'œuvres, enfin, une grande variété de labels originaux. Un ensemble interarts et intermédial inclassable.

Si les relations de Claudel avec l'image et l'intermédialité visuelle qui caractérise son travail théâtral ont été étudiées, la dimension sonore et aurale de l'ensemble de l'œuvre – à l'exception de ce qui touche à la musique – n'a guère été explorée en dehors de ce dont ECHO a rendu compte. Elle pourrait faire l'objet de recherches spécifiques – qui ne devraient pas séparer le domaine poétique du domaine dramatique, ni se cantonner à une discipline, afin de rendre compte de cette scène phonique moderne, extraordinairement organisée autour de la voix parlée.

Marie-Madeleine MERVANT-ROUX

CLAUDEL À LOUVAIN

Le 4 juin 1935, Paul Claudel devait mettre un terme à sa longue carrière diplomatique, après avoir occupé durant près de trois ans, à Bruxelles, le poste d'ambassadeur de France en Belgique. Onze ans et demi plus tard, le 12 décembre 1946, il y reviendra pour se voir conférer le grade de docteur *honoris causa* de la faculté de philosophie et lettres, à l'université catholique de Louvain, des mains du recteur magnifique [*sic*], Mgr Honoré Van Waeyenbergh.

À cette occasion si particulière, mémorable, un grand hommage lui sera rendu, en la salle des Provisions, en présence de « la foule énorme des assistants, composée en majorité d'étudiants wallons et flamands, déférents et dignes, d'une dignité exceptionnelle », ainsi que l'écrit Gaston Gillain dans la plaquette *Paul Claudel à Louvain*, publiée en 1947 aux éditions de la Maison des étudiants (p. 6). Outre le recteur et Paul Claudel lui-même, le cortège des « autorités » comprenait Mgr Fernand Litt, le vice-recteur, Raymond Brugère, l'ambassadeur de France en Belgique, et Émile Lousse, le doyen de la faculté de philosophie et lettres, lequel allait officiellement ouvrir la séance avec un discours assez bref mettant l'accent sur le fait que le nouveau docteur *honoris causa* est, d'abord et avant tout, un « poète chrétien ». Votre christianisme, dira-t-il, est « pur comme le cristal », il est « de choc », il est « d'une espèce telle que nos travaux et notre vie devraient nous rendre dignes d'en partager avec vous la communion ».

Parmi la demi-douzaine d'orateurs qui se succéderont, figurait le prolifique, mais controversé, Henri Guillemin. En 1946, faute d'avoir pu être nommé professeur à la Sorbonne, il était devenu attaché culturel à l'ambassade de France en Suisse, à Berne, et c'est peut-être grâce à ce poste, qu'on qualifierait vulgairement de « planque », qu'il a eu la possibilité d'écrire tant d'essais littéraires, dont un, excellent, sur l'auteur de *L'Échange* : *Claudel et son art d'écrire* (Gallimard, 1958). Dans son discours, *Puissance de Claudel*, Henri Guillemin, claudélien depuis son adolescence, montre à quel point le christianisme a été pour le poète à la fois un « épanouissement », une « liberté » totale et « la fulguration de la joie », à une époque où le « climat intellectuel » de la France, sous l'influence de Taine et de Renan, « souffrait la torture de ne rien comprendre à ce monde » présenté comme un « bagne déterministe » ou comme la « déchirante insubstance [*sic*] d'un rêve ».

Mais le grand moment de la journée aura été, bien entendu, l'intervention de Paul Claudel, « d'une voix posée, mais ferme et claire », selon Gaston Gillain (p. 7). Elle est tout simplement intitulée *Discours à des chrétiens* et constitue un essai historique, théologique et autobiographique en réponse à deux questions fondamentales, qu'on pourrait trouver incongrues et qui ne sont pas souvent posées : « Comment ai-je mérité cet incomparable privilège d'être chrétien et catholique ? Comment est-il possible qu'il y ait une telle merveille que la Foi chrétienne, que l'Église catholique [...] et que les hommes fassent comme s'ils ne s'en apercevaient pas ? »

« Longuement, écrit Gaston Gillain, le vaste hémicycle vibre sous les applaudissements. Et déjà le poète s'est retiré avec un dernier salut affectueux de la main à l'assistance debout, que l'ovation gronde encore sous la verrière. » Et d'ajouter, emporté par un certain lyrisme : « Dehors, la placette, les rues sont tristes et noires. Les journaux du soir, sans nul doute, sont pleins de mauvaises nouvelles et de sombres perspectives. Cette fois, il faudra bien plus que cela pour nous faire descendre des sommets où nous ont menés la présence et la parole d'un auguste vieillard, et l'hommage unanime d'une jeunesse vibrante, compréhensive, confiante en sa Foi et en l'avenir » (p. 8).

Jean-Baptiste BARONIAN

EN MARGE DES LIVRES

François REGNAULT, *Claudel avec Lacan. Petit guide du théâtre de Paul Claudel*, Navarin éditeur, 2018, 151 p.

C'est un joli petit livre que propose François Regnault, qui relit tout en sympathie le théâtre de Claudel. Le titre affiche les contours de l'ambition en nous proposant un ouvrage qui tient du manuel au bon sens du terme, c'est-à-dire un ouvrage maniable, une sorte de viatique pour circuler dans une œuvre touffue et diverse, étendue à la mesure d'une vie. Il n'y envisage que le théâtre, mais tout le théâtre, jusqu'aux oratorios, scénarios et arguments de ballets, pour mettre en valeur le penchant pour la scène de Claudel qui implique « dialogue, avec soi, avec l'autre, dans un espace réel ou fictif, métaphysique, religieux ». Son mérite est donc, loin de développer une interprétation savante et tranchée, de nous emmener dans l'œuvre au fil de la chronologie et de proposer une lecture analytique de chaque pièce, petite ou grande, en indiquant des pistes, établissant des passerelles, ou témoignant parfois de sa perplexité. Il s'agit de cerner « l'*enjeu* d'une scène » (p. 8) et la maîtrise savante du critique est tempérée par l'ouverture de la lecture, qui tient parfois de la méditation de qui a longuement fréquenté ces textes. Car il s'agit aussi, sur ce fil chronologique, de tenter de construire la narration de l'ensemble de l'œuvre comme décrivant « en même temps une longue trajectoire qui s'interroge et se ressaisit sans cesse, tente de rassembler, parfois de force, sans les unifier, ses composantes aléatoires ou contrastées, comme pour donner l'idée d'une *destinée* » (p. 9). Cette relecture générale se fait au filtre de Lacan et de la psychanalyse, s'appuyant, notamment pour la question du désir, sur les analyses produites par Lacan sur la Trilogie (*Le Séminaire*, *Écrits* et *Autres écrits*) dont avait rendu compte en 2002 Danièle Arnoux dans le *Bulletin* n° 166. S'introduisent également ici et là divers souvenirs de l'auteur de mises en scène et de rencontres avec des metteurs en scène et des acteurs : Jean-Louis Barrault, Antoine Vitez, sa sœur Anne Delbée, Brigitte Jaques-Wajeman (avec laquelle il a fondé en 1976 la compagnie Pandora et dirigé le théâtre de la Commune / Pandora d'Aubervilliers de 1991 à 1997), Bernard Sobel enfin, ainsi que des élèves du Conservatoire d'art dramatique de Paris où il fut professeur en diction poétique de 1994 à

2001. Le livre se complète d'ailleurs d'une « bibliographie choisie » et d'une liste de représentations, également *choisies*.

Aussi l'ouvrage se lit-il avec agrément autant qu'avec utilité, car il passe méticuleusement en revue les différentes versions de chaque pièce, mettant en regard les changements opérés. Les résumés ont cette dimension factuelle qui gomme peu ou prou les connecteurs et propose un enchaînement disruptif des actions, faisant ressortir certaine étrangeté dans les pièces, comme à propos de *Tête d'Or* où la question de l'homosexualité est posée. En même temps, toutes les pièces ou presque semblent raconter symboliquement une seule et même histoire, celle de l'amour impossible et du sacrifice, de la femme indéfiniment attendue, comme l'endormie de la première pièce, pièce prémonitoire à certains égards, dont les composantes réapparaissent au terme de l'œuvre dans l'extravagance radiophonique de *La Lune à la recherche d'elle-même*. Ce désir inextinguible, ce réel impossible qui inscrit le vide au cœur du théâtre de Claudel rattache celui-ci, malgré qu'il en ait, au théâtre classique français, selon François Regnault, qui rappelle les figures de Titus et Bérénice, d'Eurydice et Suréna. Aussi l'essayiste conclut-il sur le « monologue inouï de la Lune, l'un des poèmes de théâtre les plus beaux avec la scène de l'Ombre double » écrit-il.

Catherine MAYAUX

* *

*

L'Oiseau noir, n° XX, Cercle d'études claudéliennes au Japon, 2019.

En avant-propos du premier numéro de *L'Oiseau noir* (1977), le regretté Père Bésineau se demandait « de combien d'autres » il serait « suivi ». Sans doute serait-il heureux de constater que le périodique atteint quelque quarante années plus tard à sa vingtième livraison, qui s'ouvre sur une communication de madame Nakamura Yumiko, professeur émérite à l'université de jeunes filles Ochanomizu, sur la « catholicité » (prise au sens d'universalité) des *Cent phrases pour éventails*. Constatant que l'« Introduction à un poème sur Dante » (1921) précède de quelques mois l'arrivée de Claudel en poste au Japon et que « Religion et Poésie » (1927) suit également de quelques mois son départ de Tokyo pour Washington, madame Nakamura soumet le recueil d'inspiration japoniste des *Cent phrases pour éventails* à la conception idéale de la poétique que proposent les deux textes de conférences qui encadrent en quelque sorte le séjour japonais, et qu'expose peut-être plus vigoureusement encore l'allocution de 1937 sur « La poésie au XIXᵉ siècle » : « Poésie catholique, c'est-à-dire une poésie réellement universelle, c'est-à-dire embrassant suivant l'expression du *Credo* les choses visibles et invisibles[1] », lesquelles sont liées les unes aux autres « en vertu d'une convenance intime et naturelle[2] » qui permet que « par les unes, nous sommes conduits à la connaissance des autres[3] ». C'est à cette aune que madame Nakamura mesure dans sa communication les *Cent phrases*, où elle ne voit pas seulement la conclusion somptueuse au séjour japonais dont le poète aurait assimilé en virtuose les codes esthétiques, mais aussi une ambitieuse tentative d'atteindre dans la culture japonaise (en l'occurrence « l'essaim rituel des haï kaï » auquel l'auteur a « essayé effrontément[4] » de se confronter), ce que celle-ci recèle d'universel et de profondément spirituel.

Doctorant à l'université Gakushûin, Okamura Shôtarô examine l'expression du désordre mental dans des œuvres composées à la suite de la double crise des années 1900-1902, engendrée par l'échec de la vocation monastique et l'expérience de la liaison adultère avec Rosalie Vetch. Dans la ténèbre métaphorique où se trouve plongé le poète de *La Lampe et la Cloche*, que la crise a réduit pendant deux ans au silence, il ne peut plus se fonder que sur le son et sa répétition rythmique, et la déesse Uzume emportée par « la fureur de la danse » et trépignant « de ses talons durs[5] » dans *La Délivrance d'Amaterasu*, tout comme dans *Les Muses* la Ménade « affolée par le tambour » et, « au cri percant du fifre, la Bacchante roidie dans le dieu tonnant[6] », sont à la limite fragile du désordre mental et de l'enthousiasme dyonisiaque. Lorsqu'il en viendra

---

1 « La poésie au XIXᵉ siècle », *Œuvres en prose*, Bibliothèque de la Pléiade, Paris, Gallimard, 1965, p. 1416.
2 « Introduction à un poème sur Dante », *ibid.*, p. 428.
3 « Religion et poésie », *ibid.*, p. 58.
4 Préface des *Cent phrases pour éventails*, *Œuvre poétique*, Bibliothèque de la Pléiade, 1967, p. 699.
5 *Œuvre poétique*, p. 113.
6 *Ibid.*, p. 231.

à côtoyer, avec l'aggravation de la pathologie de Camille, une véritable maladie mentale, Claudel se réfugiera, comme par sublimation, dans le registre comique, sinon bouffon, dont témoigne notamment *Protée*, composé l'année même de l'internement de sa sœur (1913), et dont *Le Soulier de satin* lui-même est loin d'être exempt.

Le lecteur d'« Adieu, Japon! » se souvient sans doute des « après-midis dans la boutique d'un marchand d'encens de Kyoto, ou dans celle de notre ami Kita[7] », qui reviennent vingt ans après à la mémoire de Claudel en cette heure où le Japon est confronté à la tragédie d'une défaite totale et dévastatrice : « notre ami Kita », à savoir le grand antiquaire de Kyoto Kita Toranosuke, à qui Ode Atsushi, professeur à l'université Keio, a souhaité consacrer un portrait, tant cette figure était familière du monde des diplomates en poste au Japon durant l'entre-deux-guerres, à commencer par Claudel qui manquait rarement de le contacter à l'occasion de ses fréquentes visites dans l'ancienne capitale. Toranosuke était familier des peintres dans la manière japonaise de l'École de Kyoto avec lesquels Claudel fut, souvent par son intermédiaire, en relation de travail sinon de collaboration artistique. Le marchand fut également proche du peintre d'école française Kanokogi Takeshiro, celui-là même qui pourrait avoir été à l'origine, s'agissant de Claudel, du surnom d'« oiseau noir » pour avoir, à l'occasion d'une réception donnée en l'honneur de l'ambassadeur dans le jardin d'un temple de Kyoto, dessiné à l'encre deux grands volatiles sur une assiette de terre cuite que Claudel avait agrémentée au préalable d'un poème tracé au pinceau. L'artiste avait alors ajouté « en souriant : "L'oiseau noir, mais c'est Monsieur Claudel !"[8] ».

Professeur émérite à l'université Aoyama Gakuin et actuel président du Cercle d'études claudéliennes au Japon, Chûjô Shinobu consacre ensuite une note de lecture à l'ouvrage de Dominique Millet-Gérard, *Le Verbe et la Voix, vingt-cinq études en hommage à Paul Claudel* (Classiques Garnier, 2018). Monsieur Chûjô voit dans cet ouvrage, où ont été recueillis des *miscellanea* sur la relation entre la religion et l'art qui furent publiés entre 2001 et 2015, comme une sorte de « précis » qu'il recommande chaleureusement à qui veut saisir dans sa totalité l'œuvre claudélien.

Monsieur Chûjô évoque avec émotion pour finir la disparition en juillet 2018 dans sa quatre-vingt huitième année de la sœur Satomi Sadayo,

---

7   *Œuvres en prose*, p. 1153.
8   Jacques Bésineau, « Claudel au Japon. Souvenirs et documents inédits », *Les Études*, décembre 1961, p. 351.

qui laisse un vide cruel dans le Cercle d'études claudéliennes au Japon, qu'elle contribua à réorganiser et dont elle assura la présidence dans les années 1990 à la suite de la retraite du Père Bésineau. Monsieur Chûjô rappelle la carrière de la chercheuse (auteur en 1978 sous la direction de Pierre Brunel d'une thèse de doctorat sur *Le Signe de la croix chez Paul Claudel : étude d'un symbole*), son travail à l'université de jeunes filles du Sacré-Cœur, à Tokyo, où elle enseigna et dirigea l'Institut de recherches sur la culture chrétienne, et la part que cette femme d'action prit notamment à l'organisation des manifestations destinées à célébrer au Japon le cinquantenaire de la mort de Claudel.

Michel WASSERMAN

ACTUALITÉS

NOUVELLES RENCONTRES
DE BRANGUES[1]

Les Nouvelles Rencontres de Brangues de 2019 furent exceptionnelles ; non pas tant par la chaleur qui sévit durant quelques jours, que par le très nombreux public qui la brava et par la qualité des échanges et des spectacles proposés. Une magnifique *Tempête* de Shakespeare ouvrit ces Rencontres, jouée par la Compagnie de la Bande à Mandrin (co-production des théâtres de Venissieux et de Saint Priest). Le mystère persistant de la pièce porté par d'étranges personnages et une intrigue rebondissante, sa poésie, son audace colorée, sa dimension philosophique latente ont été éclairés par la mise en scène enlevée de Juliette Rizoud. Ceux qui avaient entendu la lecture de *L'Échange* dans l'écurie en juin 2018, ou qui ont vu la création de la mise en scène de Christian Schiaretti sur la scène nationale des Gémeaux en décembre 2018, ont été saisis, à sa reprise sous la grange du Domaine, par l'intensité du jeu des acteurs – qui rejouaient la pièce après quelques mois d'interruption : la qualité d'écoute des spectateurs, médusés par cette stupéfiante histoire incarnée sous leurs yeux, créa un moment de rare communion : Louise Chevillote (Marthe), pathétique, et Marc Zinga (Louis Laine), ambigu à souhait, portaient à son comble le porte-à-faux de leur couple ; le duo en apparence assagi de Francine Bergé et Robin Renucci quintessenciait admirable- ment les personnages de Lechy et de Thomas Pollock, l'une par sa voix de fausset matinée de consciente cruauté, mouvant avec désinvolture son long bras, l'autre par son calme las et son engagement distancié.

Diverses rencontres et conférences occupèrent plusieurs matinées : Bruno Messina, Directeur du Festival Berlioz qui fête brillamment cette année le cent-cinquantenaire de la disparition du compositeur, auteur d'une biographie de Berlioz (Actes Sud, 2018), vint parler le samedi de l'importance du lieu originel dans l'inventivité de Berlioz, ce qui amenait implicitement la réflexion en parallèle vers Claudel. Son intervention avait été précédée le jeudi 27 juin d'une lecture par Julien Tiphaine

---

1   Vendredi 28 juin-dimanche 30 juin 2019.

de textes claudéliens à la Maison Ravier de Morestel, dans le cadre de l'exposition consacrée à « Paysage et Hector Berlioz ».

Dimanche matin, la table ronde « Autour de Marie de France, berceau de notre langue » servit de préambule aux « Quatre lais de Marie de France » joués en fin de matinée. Christian Schiaretti expliqua longuement le sens de son travail dans l'aventure formatrice pour le public comme pour les acteurs des « Langagières » : la (re)découverte et la diction ou l'écoute de la langue poétique médiévale lui paraissent indispensables à une appropriation en profondeur de la langue française, et le lien s'établit étroitement à ses yeux avec la qualité rugueuse et imagée de la langue dramaturgique de Claudel. Jean-René Valette, Professeur à la Sorbonne, médiéviste réputé, apporta des explications précises et très appréciées sur l'histoire des lais, leur diversité et leur rôle au Moyen Âge ; il donna des renseignements précieux sur Marie de France et les quatre lais qui furent ensuite joués, dans une traduction rythmée de Samuel Pivo, par Clémence Longy et Julien Tiphaine : l'ensemble de la matinée fut un succès des plus enrichissant.

Une autre table ronde vit intervenir Olivier Cogne, Directeur du Musée Dauphinois (Grenoble), et Fabienne Pluchart, responsable des collections de ce musée, qui avaient organisé, du 25 octobre 2018 au 24 juin 2019, l'exposition « Des samouraïs au kawaï, Histoire croisée du Japon et de l'Occident » : son ambition était de mettre l'accent sur la richesse des liens, dans toutes sortes de domaines, entre diverses personnalités et communautés de l'Isère et le Japon, depuis l'origine jusqu'à aujourd'hui, donnant belle place à Claudel pour le début du XXe siècle. Un ouvrage collectif riche d'une iconographie variée (on y voit Brangues, mais aussi des Grenoblois français ou japonais intéressés à la culture de l'autre) est encore disponible à la librairie du Musée.

Le spectacle « Devos, rêvons de mots ! » dit sous les arbres par Benjamin Kerautret et Damien Gouy, mis en scène par Fabrice Eberhard (Compagnie du Théâtre des Pierres Dorées) concluait la dernière journée dans la légèreté, les rires et sourires que provoquait la cascade de jeux sur le langage.

L'Espace Claudel/Stendhal de Brangues proposait en parallèle l'exposition « Haïkus ! le temps de vivre », mais s'est malheureusement défait pour cela de toute la documentation sur Claudel qui y avait place auparavant : le rez-de-chaussée présentait quelques créations claudéliennes, dont le sens ne s'éclairait que dans le feuillet offert aux visiteurs « La poésie japonaise de Paul Claudel » : les textes y sont bien choisis, mais la contextualisation pourrait être précisée pour ceux qui ne connaissent pas le poète. L'étage, consacré à la création contemporaine, pour joli qu'en soit l'effet au premier coup d'œil, manquait d'un fil directeur qui aurait guidé une lecture ou une interprétation faisant droit à tous les créateurs exposés du rez-de-chaussée à l'étage.

L'ensemble des rencontres a été accompagné dans la gloriette par une exposition de photographies en noir et blanc de Jean-François Dalle-Rive, présentant de superbes images du château et du parc, ou encore, émouvantes, des photographies de rencontres antérieures qui montraient l'ancienneté de la vitalité intellectuelle et culturelle inspirée par Claudel et son lieu.

Catherine MAYAUX

RÉSUMÉS/*ABSTRACTS*

Florian MICHEL et Claude-Pierre PEREZ, « Correspondance Étienne Gilson-
Paul Claudel »

La proximité intellectuelle est grande entre Paul Claudel, diplomate,
homme de lettres féru de théologie, et Étienne Gilson, né en 1884, professeur
au Collège de France et philosophe baigné de littérature. Élus la même année
à l'Académie française, ils échangèrent une quinzaine de lettres de 1928 à
1950. Ils se lisent mutuellement et se reconnaissent des dettes. Pas de trace
entre eux des querelles qui émaillent les relations de Claudel avec bien des
écrivains et intellectuels catholiques.
Mots-clés : Académie française, catholicisme, Abbé Brémond, lecture,
denier du culte, mise en scène.

Florian MICHEL et Claude-Pierre PEREZ, *"Correspondence between Étienne Gilson
and Paul Claudel"*

*There is a great intellectual proximity between Paul Claudel, a diplomat, a
man of letters fond of theology, and Étienne Gilson, born in 1884, a Professor at
the Collège de France and a philosopher steeped in literature. Elected the same year
at the Académie française, they exchanged about fifteen letters from 1928 to 1950.
They read each other and acknowledge each other's debts. There is no trace between
them of the quarrels that mark Claudel's relations with many Catholic writers and
intellectuals.*
*Keywords: Académie française, catholicisme, Abbot Brémond, lecture, parish
tithes, staging.*

Natacha GALPÉRINE, « Charles Galpérine et "Les Grandes Amitiés" »

C'est A. Béguin qui fit découvrir Claudel à Charles Galpérine ; puis,
grâce à G. Canguilhem, il se passionne pour la philosophie des sciences et
travaille sur l'histoire de la génétique moléculaire. Sa trajectoire, secouée
par les bouleversements de l'Histoire, le conduit du judaïsme au catholicisme, puis à un retour aux racines juives. Au terme de sa vie, Mgr. Batut
lui permit de « relier les fils de son existence », partagée entre deux rives

géographiques et spirituelles, celle de la France autour de Claudel et celle d'Israël et du judaïsme.

Mots-clés : Albert Béguin, Georges Canguilhem, épistémologie, biologie, catholicisme.

Natacha GALPÉRINE, *"Charles Galpérine and* Les Grandes Amitiés*"*

A. Béguin introduced Charles Galpérine to Claudel; then, thanks to G. Canguilhem, he is passionate about the philosophy of science and works on the history of molecular genetics. His trajectory, shaken by the upheavals of history, led him from Judaism to Catholicism and then back to Jewish roots. At the end of his life, Mgr Batut helped him to "connect the threads of his existence", shared between two geographical and spiritual shores, that of France around Claudeland that of Israel and Judaism.

Keywords: Albert Béguin, Georges Canguilhem, epistemology, biology, Catholicism.

« Entretien avec Alain Badiou à propos de Paul Claudel »

Cet entretien évoque le rôle important de Claudel aux yeux d'Alain Badiou dans ses propres exigences de cohérence entre sa vision de la vie et les péripéties de l'existence et de l'histoire ; d'écriture et de style ; de souci de clarté de la pensée aussi. Il reconnaît Claudel comme un écrivain et penseur politique au sens large du mot. Plusieurs de ses pièces (*L'Écharpe rouge, L'Incident d'Antioche, Les Citrouilles*) s'inspirent de Claudel dont elles "forcent" le propos.

Mots-clés : communisme, militantisme, clarté, exigence, langue, inspiration.

"Interview with Alain Badiou on Paul Claudel"

*This interview evokes Claudel's important role in Alain Badiou's own demands for coherence between his vision of life and the adventures of existence and history, for writing and style, for clarity of thought too. He recognizes Claudel as a political writer and thinker in the broadest sense of the word. Several of his plays (*L'Écharpe rouge, L'Incident d'Antioche, Les Citrouilles*) are inspired by Claudel, whose purpose they "force".*

Keywords: communism, activism, clarity, demand, language, inspiration.

Michel LIOURE, « Claudel et la mondialisation »

Claudel affirmait avoir éprouvé, dès sa jeunesse, la « vocation de l'Univers ». Ce désir de « courir le monde » a inspiré son choix d'une carrière consulaire et diplomatique. Sa création théâtrale est le reflet de cette aspiration à l'universel. De *Tête d'Or*, conçu comme un « drame de la possession de la terre », au *Soulier de satin*, dont le héros aspire à « faire un monde », à réaliser « la belle pomme parfaite », et au *Livre de Christophe Colomb* où l'explorateur rêve de « réunir la terre ».

Mots-clés : universalité, fédéralisme, unité, catholicisme, relations internationales.

Michel LIOURE, *"Claudel and globalization"*

Claudel claimed that he had experienced, from his youth, the "vocation of the Universe". This desire to "travel the world" inspired him to choose a consular and diplomatic career. His theatrical creation reflects this aspiration to the universal. From Tête d'Or, *conceived as a "drama of the possession of the earth", to the* Soulier de satin, *whose hero aspires to "make a world", to make "the perfect beautiful apple", and to the* Livre de Christophe Colomb *where the explorer dreams of "reuniting the earth".*

Keywords: universality, federalism, unity, Catholicism, international relations.

IMPRIM'VERT®

Achevé d'imprimer par Corlet Numéric,
Z.A. Charles Tellier, Condé-en-Normandie (Calvados), en novembre 2019
N° d'impression : 162412 - dépôt légal : novembre 2019
Imprimé en France

BULLETIN D'ADHÉSION

SOCIÉTÉ PAUL CLAUDEL
Chez René Sainte Marie Perrin
4 rue Troyon, 75017 Paris

Tél. : 06 16 98 07 24 ou 01 42 77 96 36
Courriel : societe-paulclaudel@wanadoo.fr
Site internet : www.paul-claudel.net

La Banque postale / Centre de Paris 20041 00001 1564046 F 020 50
IBAN FR65 2004 1000 0115 6404 6F02 050 – BIC PSSTFRPPPAR

ANNÉE 2020
(trois numéros)

❑ Membre bienfaiteur   à partir de 60 €
❑ Membre actif   40 € dont 24 d'abonnement au bulletin
❑ Étranger   45 € dont 24 d'abonnement au bulletin
❑ Étudiant   15 €
❑ Étudiant étranger   20 €

(Reçu fiscal au-dessus de 24 €)

Nom :   Prénom :
Adresse :

Nationalité :   Profession :
Téléphone :

IMPORTANT *: si vous avez une messagerie, veuillez nous préciser votre adresse électronique, ce qui nous permettra de vous joindre, en cas de besoin, plus facilement et plus rapidement. Par avance merci.*

Courriel :   @

Bulletin à nous retourner accompagné de votre chèque de règlement à l'ordre de la Société Paul Claudel